影视金曲老歌精选

时代的旋律

流　金　岁　月　　时　代　经　典

田淑琴　编著

人民邮电出版社

北　京

图书在版编目（ＣＩＰ）数据

时代的旋律：影视金曲老歌精选 / 田淑琴　编著
. -- 北京：人民邮电出版社，2017.4
ISBN 978-7-115-45016-6

Ⅰ. ①时… Ⅱ. ①田… Ⅲ. ①电影歌曲－中国－选集
②电视歌曲－中国－选集 Ⅳ. ①J642.43

中国版本图书馆CIP数据核字(2017)第036609号

内 容 提 要

本书是为满足广大中老年音乐爱好者演唱和欣赏的需要，在优秀的影视歌曲中挑选受听众欢迎、传唱度高的简谱歌曲，将这些歌曲进行整理记录的曲谱集。

本书包含了经典影视剧歌曲和经典独唱歌曲两个部分，针对同类书曲目不易查找、音符较小、不清晰等缺点，本书将歌曲按照曲目名称字数作为目录编排标准，例如二字部、三字部等，并且采用特制的大音符版曲谱设计，便于读者查阅歌曲。

本书适合广大的音乐爱好者使用，书中歌曲不仅可以在 KTV、团体活动及各种演唱会中演唱增加欢乐气氛，也可以作为学习声乐和键盘类过程中的练习教材。

◆ 编　　著　　田淑琴
　　责任编辑　　郭发明
　　执行编辑　　杜梦萦
　　责任印制　　陈　犇

◆ 人民邮电出版社出版发行　　北京市丰台区成寿寺路 11 号
　　邮编　100164　　电子邮件　315@ptpress.com.cn
　　网址　http://www.ptpress.com.cn

◆ 开本：880×1230　1/16
　　印张：8　　　　　　　　　　2017 年 4 月第 1 版
　　字数：450 千字　　　　　　 2017 年 4 月北京第 1 次印刷

定价：39.80 元

读者服务热线：(010)81055296　印装质量热线：(010)81055316
反盗版热线：(010)81055315

目 录

经典影视剧歌曲

二字部

三字部

四字部

经典独唱歌曲

绒 花

电影《小花》主题曲

1=G 2/4

刘国富 田农 词
王 酩 曲

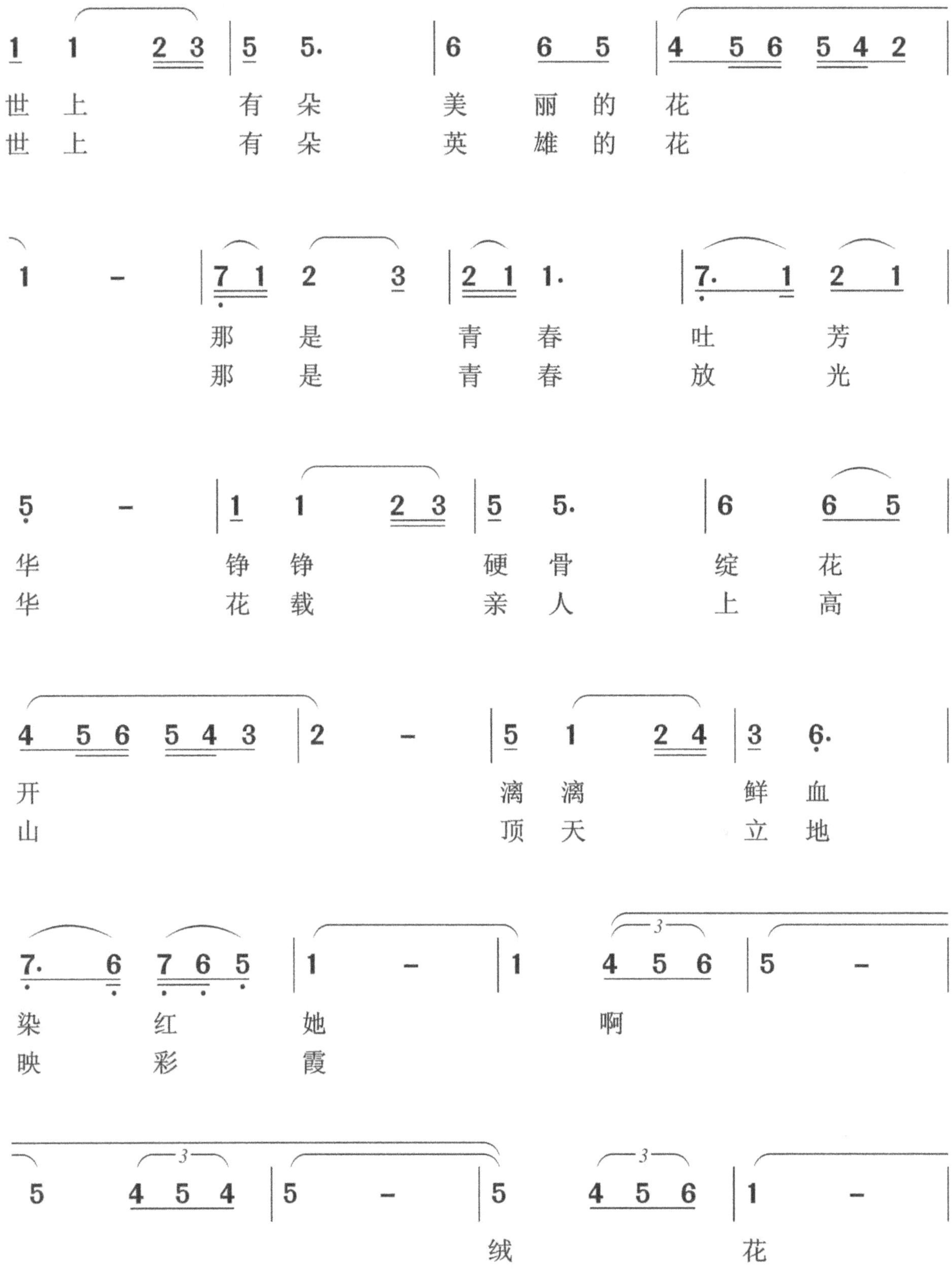

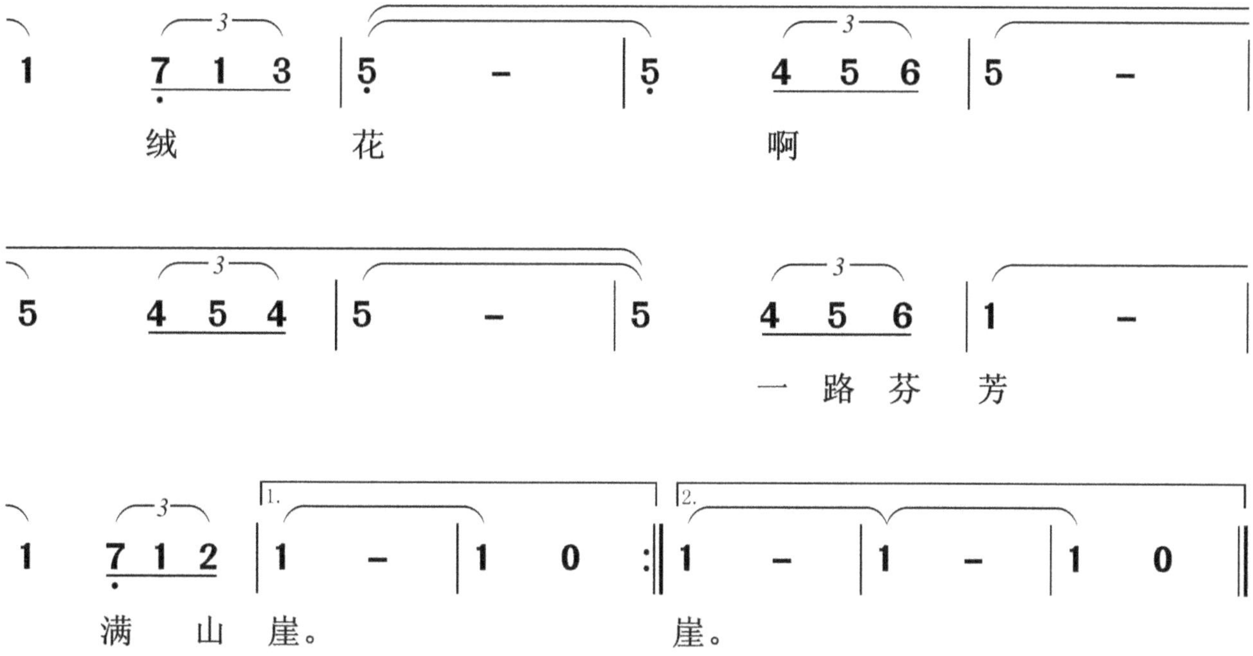

绒 花 啊

一 路 芬 芳

满 山 崖。　　　崖。

知　音

电影《知音》主题曲

1=G　4/4

中速稍快

华而实　词
王　酩　曲

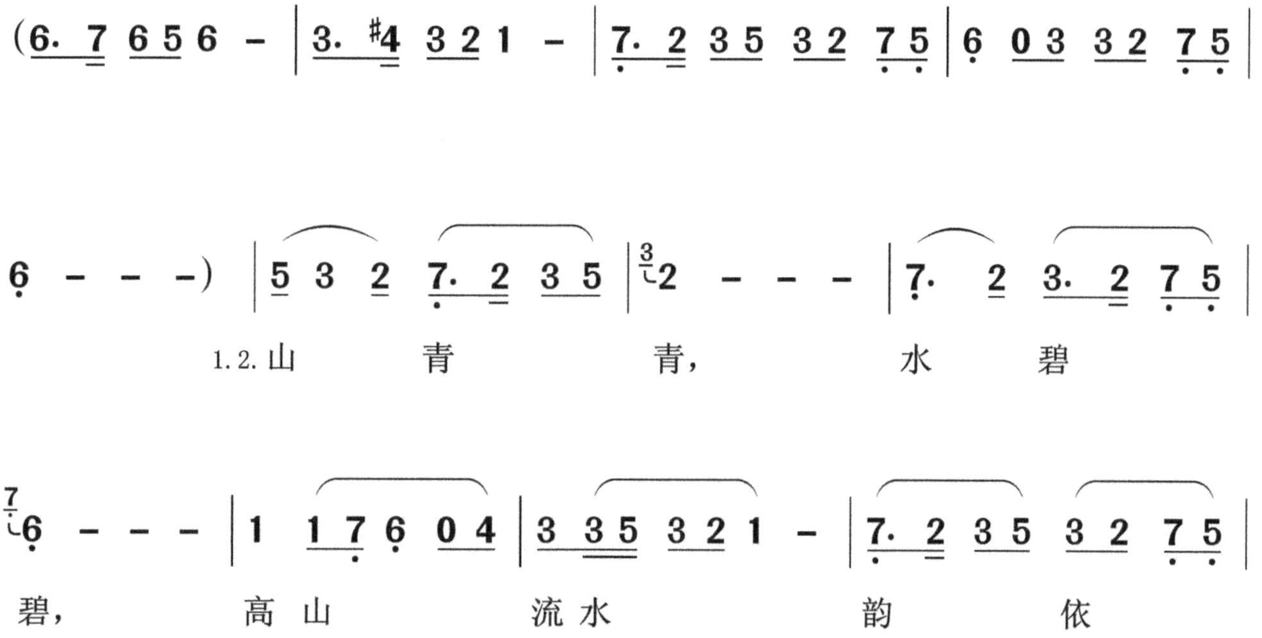

1.2.山　青　青，　水　碧

碧，　高 山　流 水　韵　依

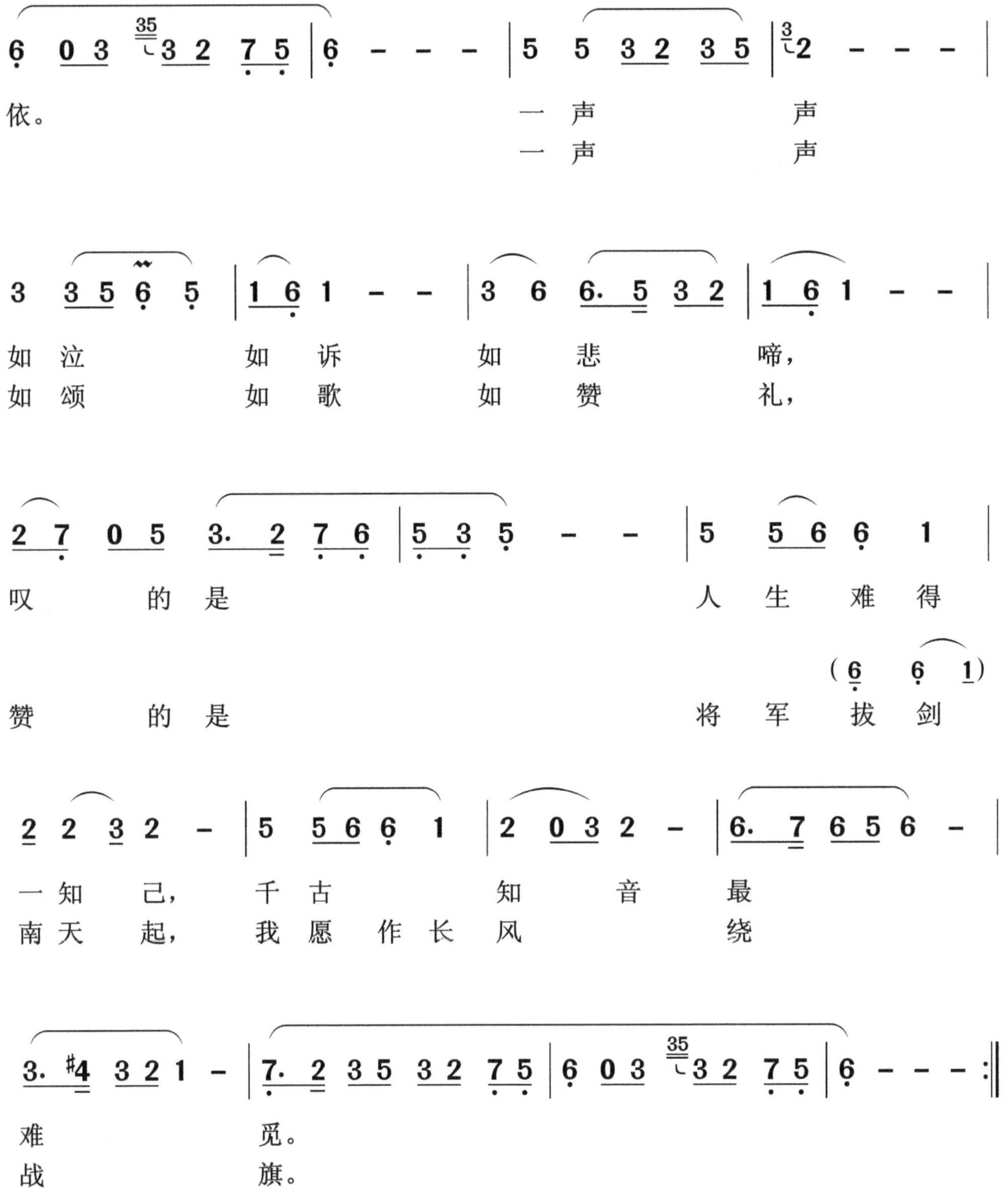

依。
一声　　声
一声　　声
如泣　　如诉　　如悲　　啼，
如颂　　如歌　　如赞　　礼，
叹　　的是　　人生难得
赞　　的是　　将军拔剑
一知　己，　千古　知音最
南天　起，　我愿作长风　绕
难　　觅。
战　　旗。

乡 恋

电视剧《三峡的传说》插曲

1=A 4/4

中速 深情、含蓄地

马靖华 词
张丕基 曲

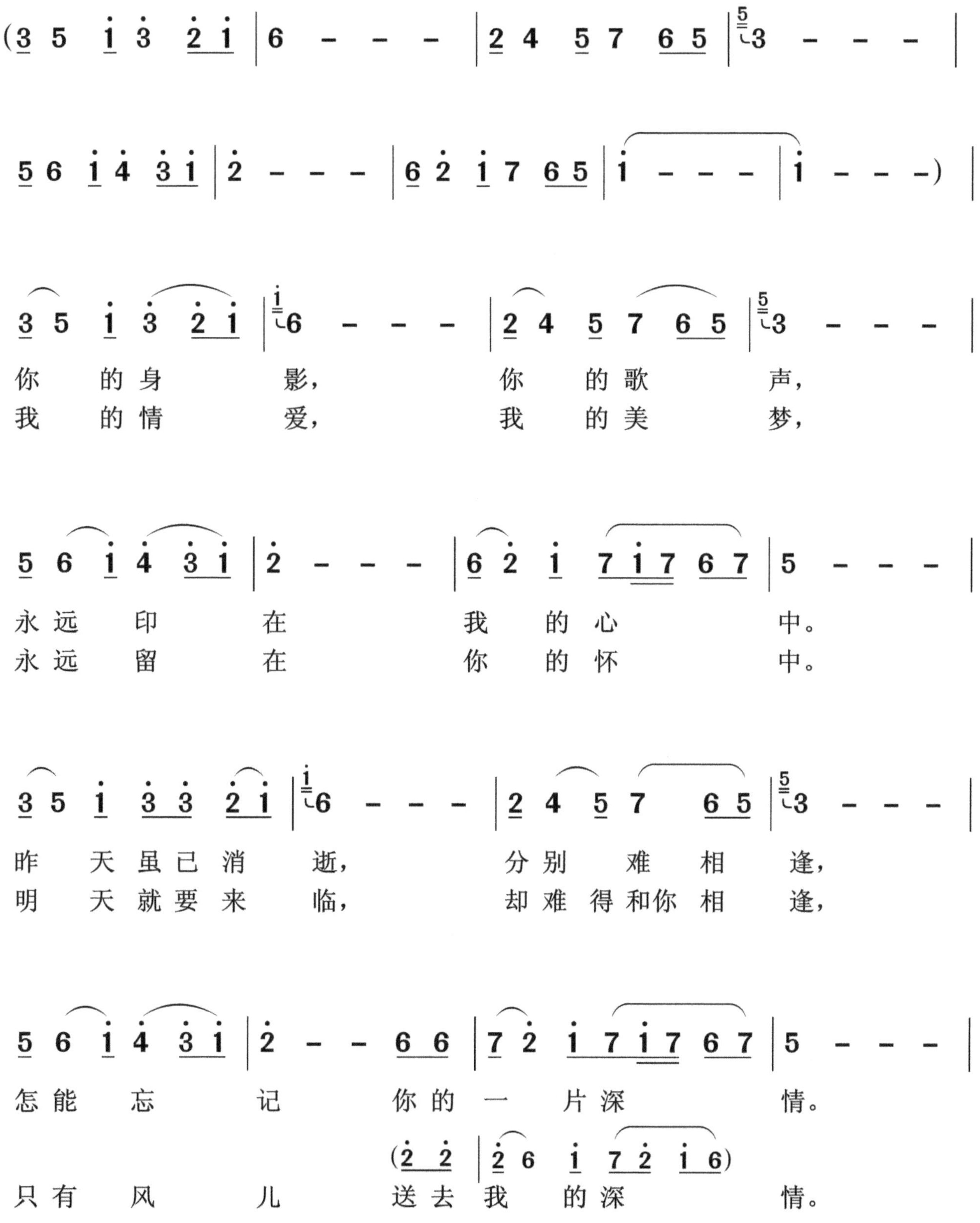

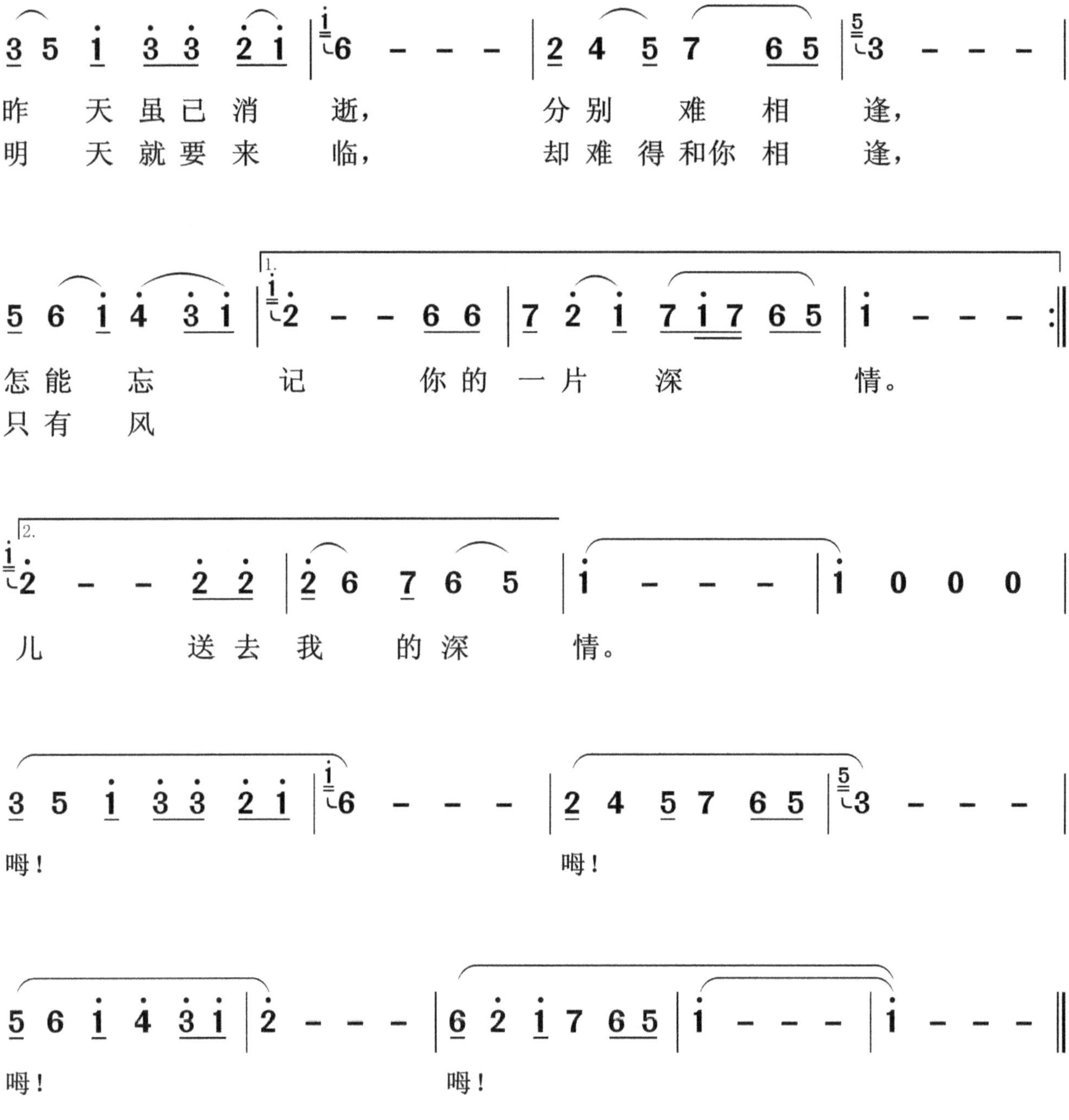

昨 天 虽 已 消 逝， 分 别 难 相 逢，
明 天 就 要 来 临， 却 难 得 和 你 相 逢，
怎 能 忘 记 你 的 一 片 深 情。
只 有 风
儿 送 去 我 的 深 情。
嗨！ 嗨！
嗨！ 嗨！

童　年

电视剧《走过夏季》片尾曲

1=E 4/4

罗大佑 词曲

活泼、稚气地

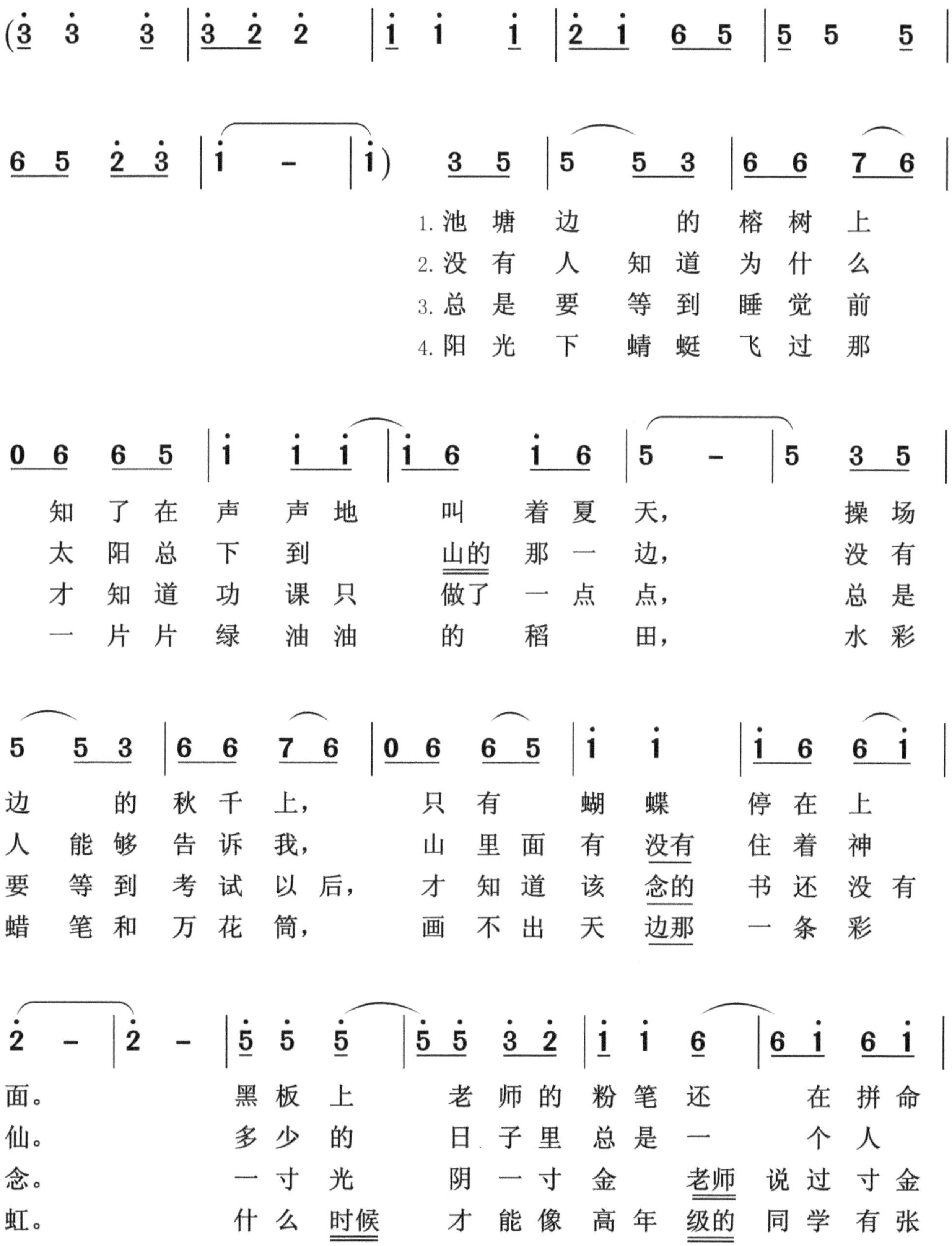

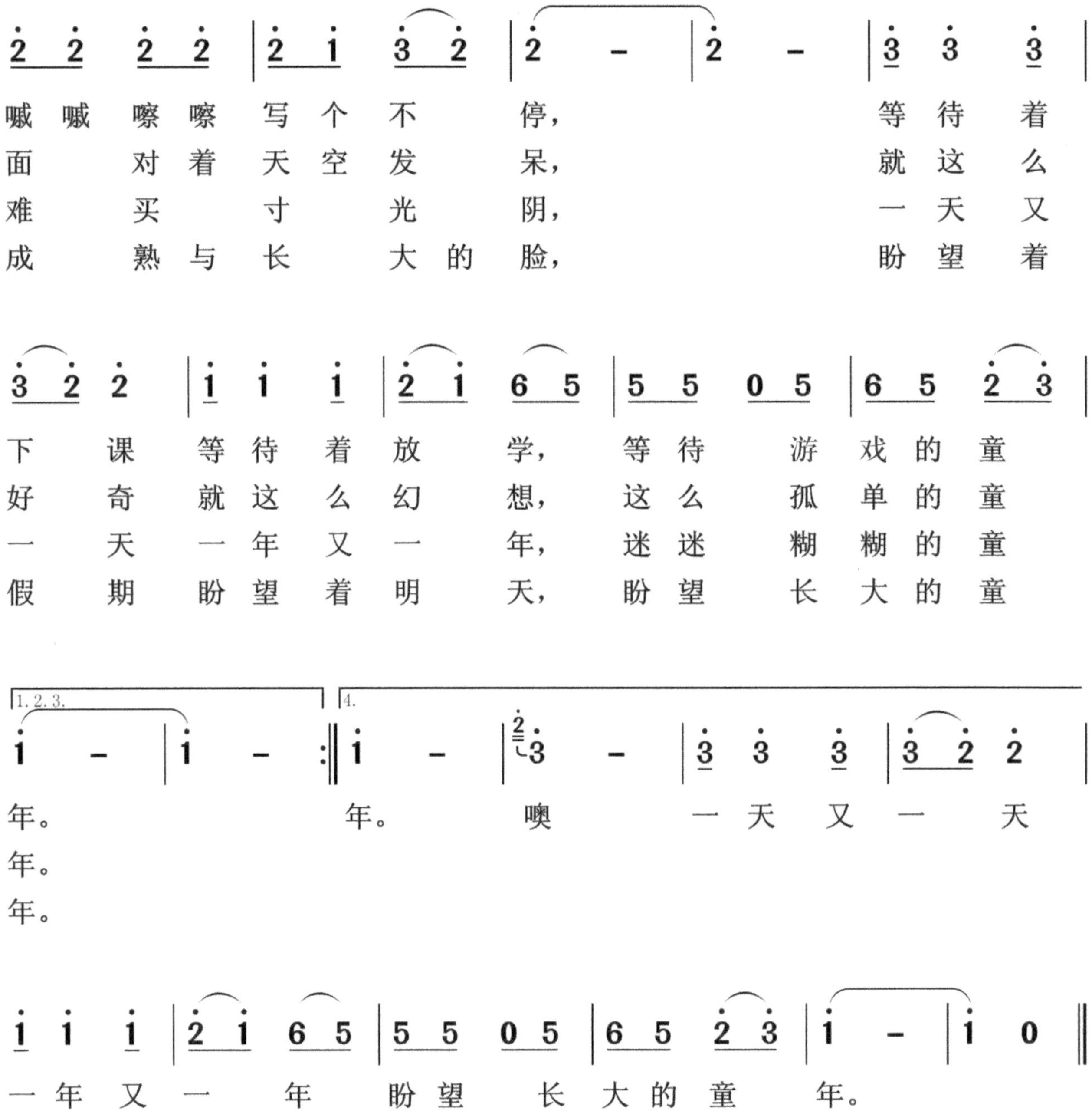

2 2 2 2 | 2 1 3 2 | 2 - | 2 - | 3 3 3 |
喊 喊 嚓 嚓 写 个 不 停， 等 待 着
面 对 着 天 空 发 呆， 就 这 么
难 买 寸 光 阴， 一 天 又
成 熟 与 长 大 的 脸， 盼 望 着

3 2 2 | 1 1 1 | 2 1 6 5 | 5 5 0 5 | 6 5 2 3 |
下 课 等 待 着 放 学， 等 待 游 戏 的 童
好 奇 就 这 么 幻 想， 这 么 孤 单 的 童
一 天 一 年 又 一 年， 迷 迷 糊 糊 的 童
假 期 盼 望 着 明 天， 盼 望 长 大 的 童

1. 2. 3.
1 - | 1 - :|| 4. 1 - | 2/3 - | 3 3 3 | 3 2 2 |
年。 年。 噢 一 天 又 一 天
年。
年。

1 1 1 | 2 1 6 5 | 5 5 0 5 | 6 5 2 3 | 1 - | 1 0 ||
一 年 又 一 年 盼 望 长 大 的 童 年。

送 别

电影《怒湖》插曲

1=C $\frac{2}{4}$

郑洪等 词
巩志伟 曲

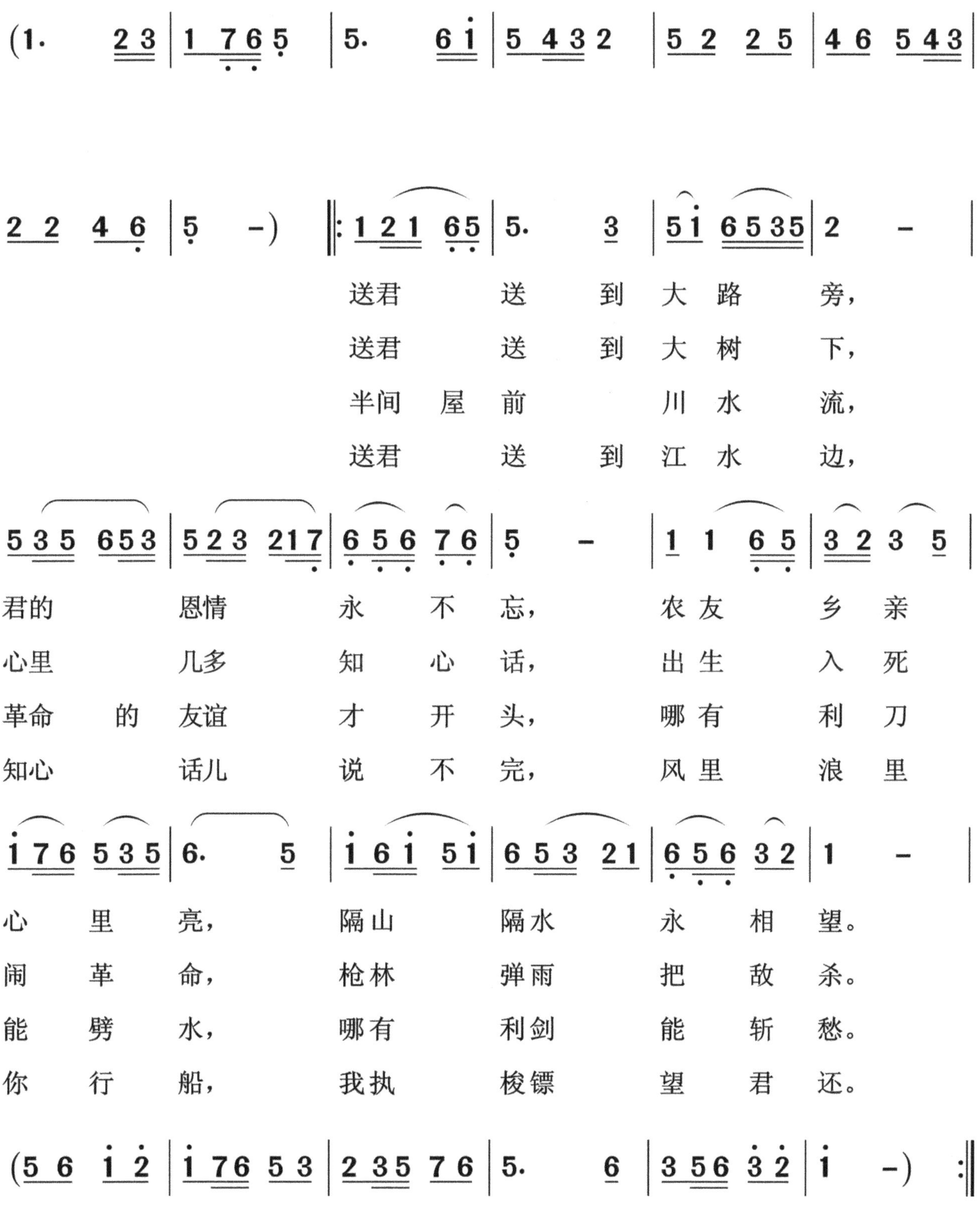

牧羊曲

电影《少林寺》插曲

1=E $\frac{4}{4}$ $\frac{2}{4}$

王立平 词曲

中速 优美地

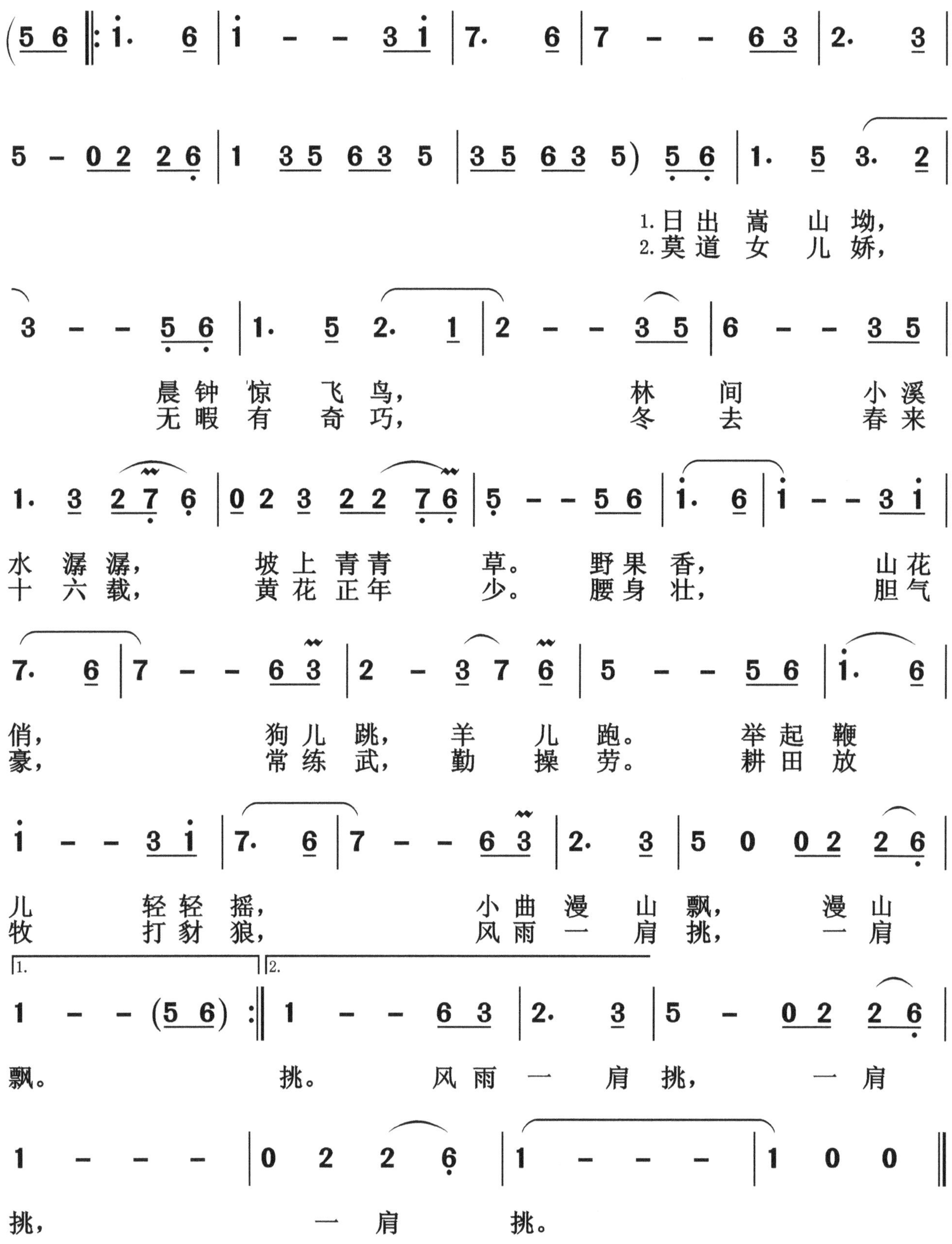

鲁 冰 花

电影《鲁冰花》主题曲

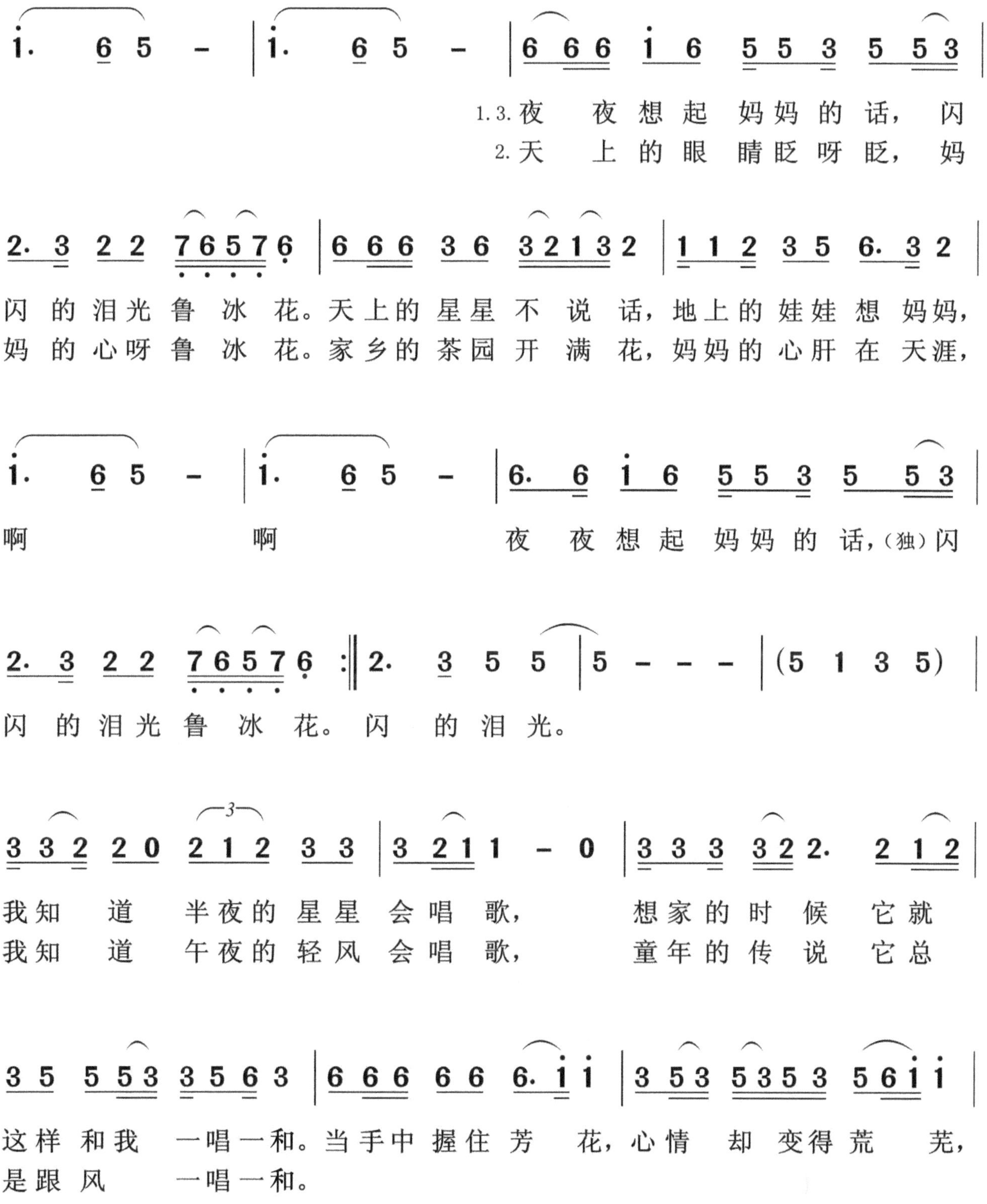

东 方 红

音乐舞蹈史诗《东方红》主题曲

1=F 2/4

陕 北 民 歌
李有源 等词

中速 庄严

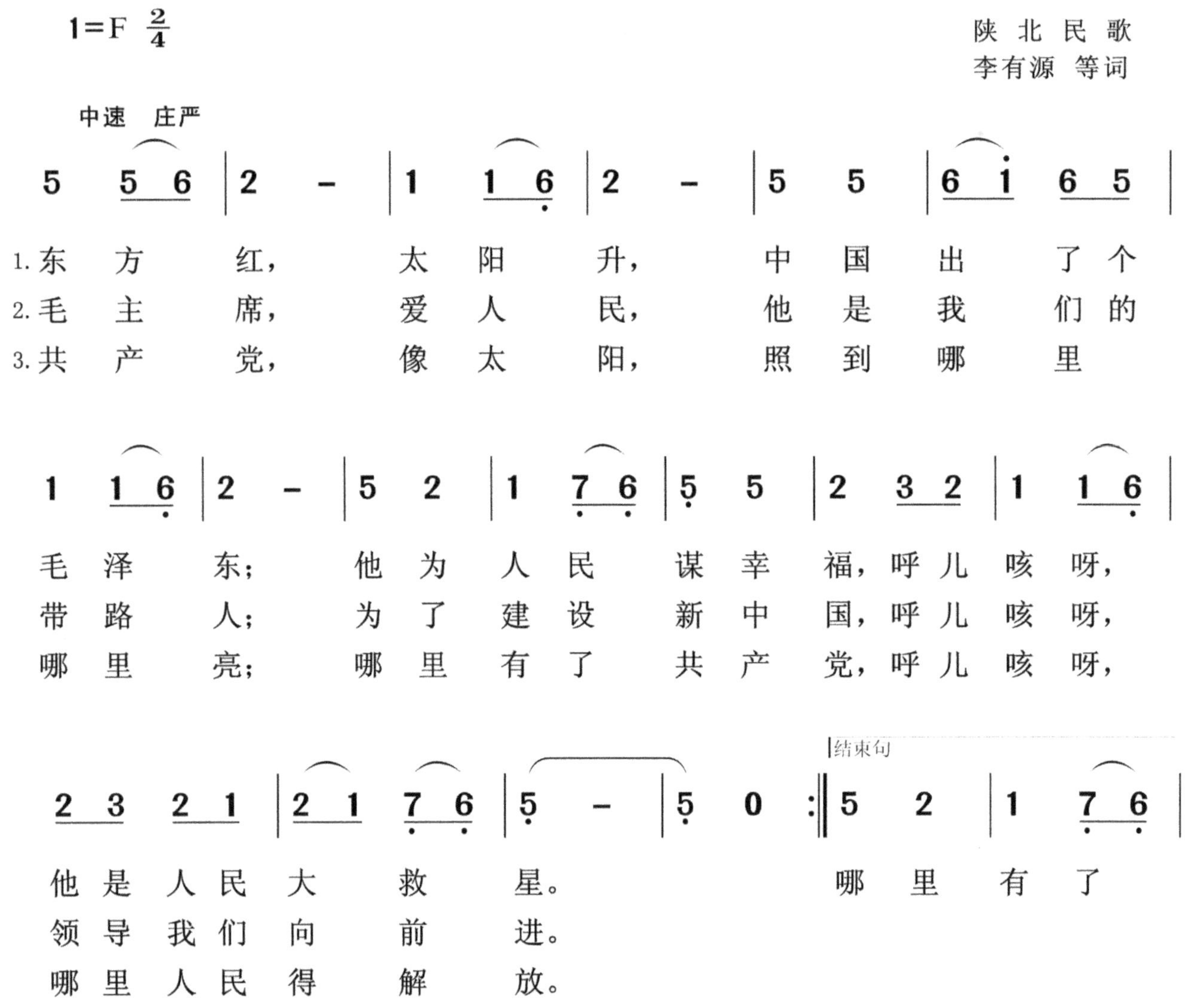

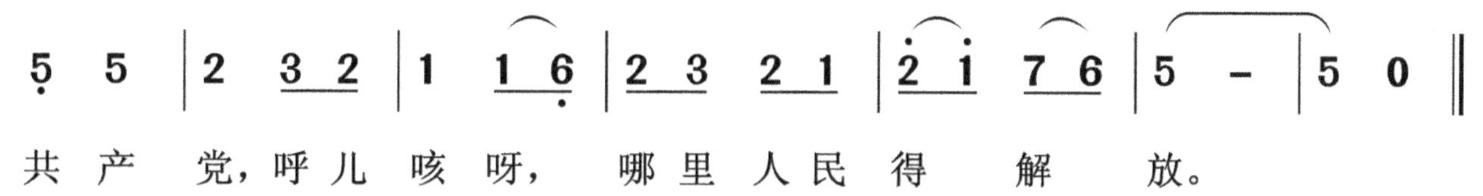

5̣ 5 | 2 3̲2̲ | 1 1̲6̲ | 2̲3̲ 2̲1̲ | 2̇ 1̇ 7̲6̲ | 5 - | 5 0 ‖

共 产 党，呼 儿 咳 呀， 哪 里 人 民 得 解 放。

长 城 谣

电影《关山万里》插曲

1＝F 4/4

苍凉、悲壮

潘子农 词
刘雪庵 曲

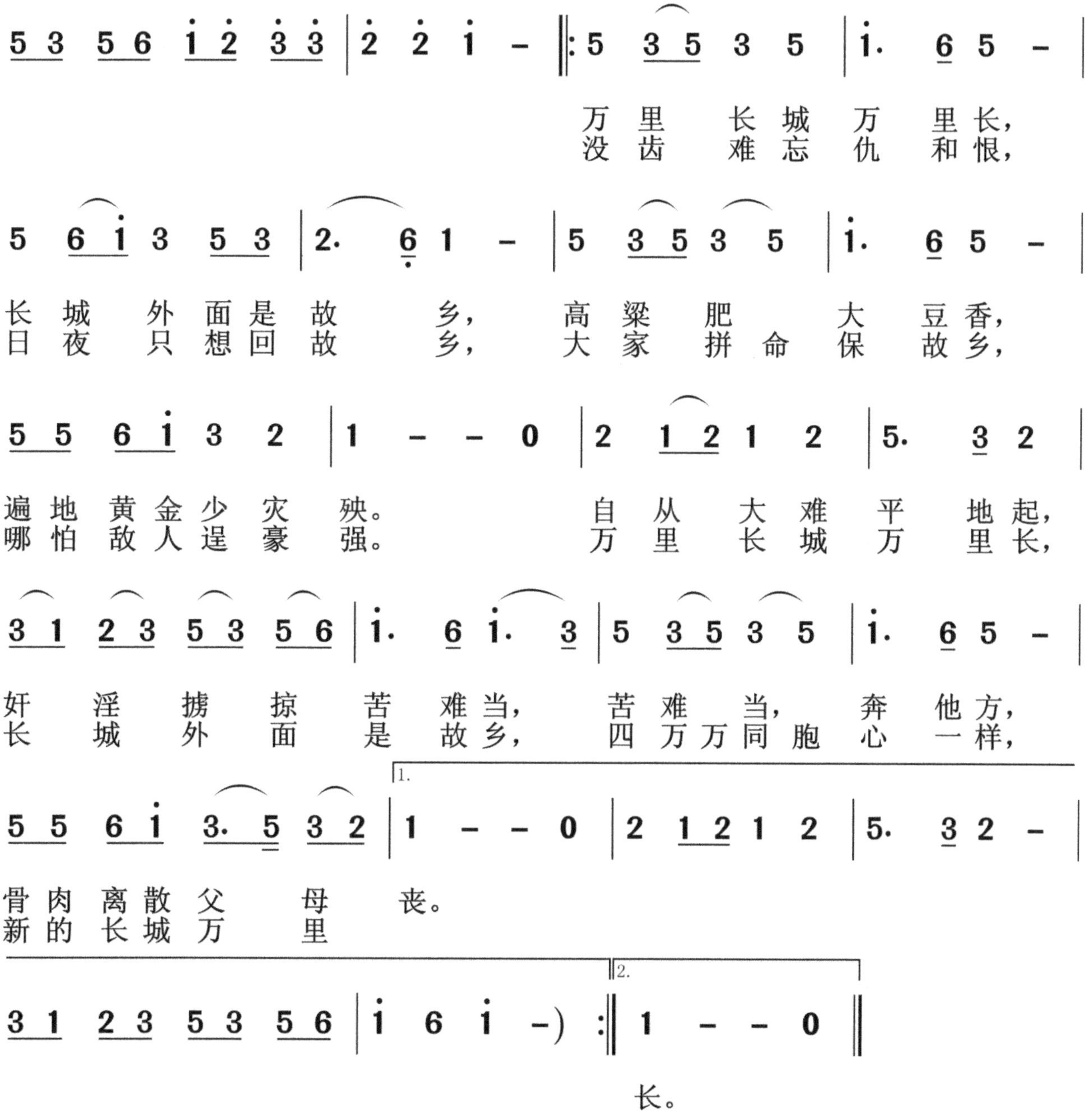

大 路 歌

电影《大路》主题曲

1=F 2/4

孙 瑜 词
聂 耳 曲

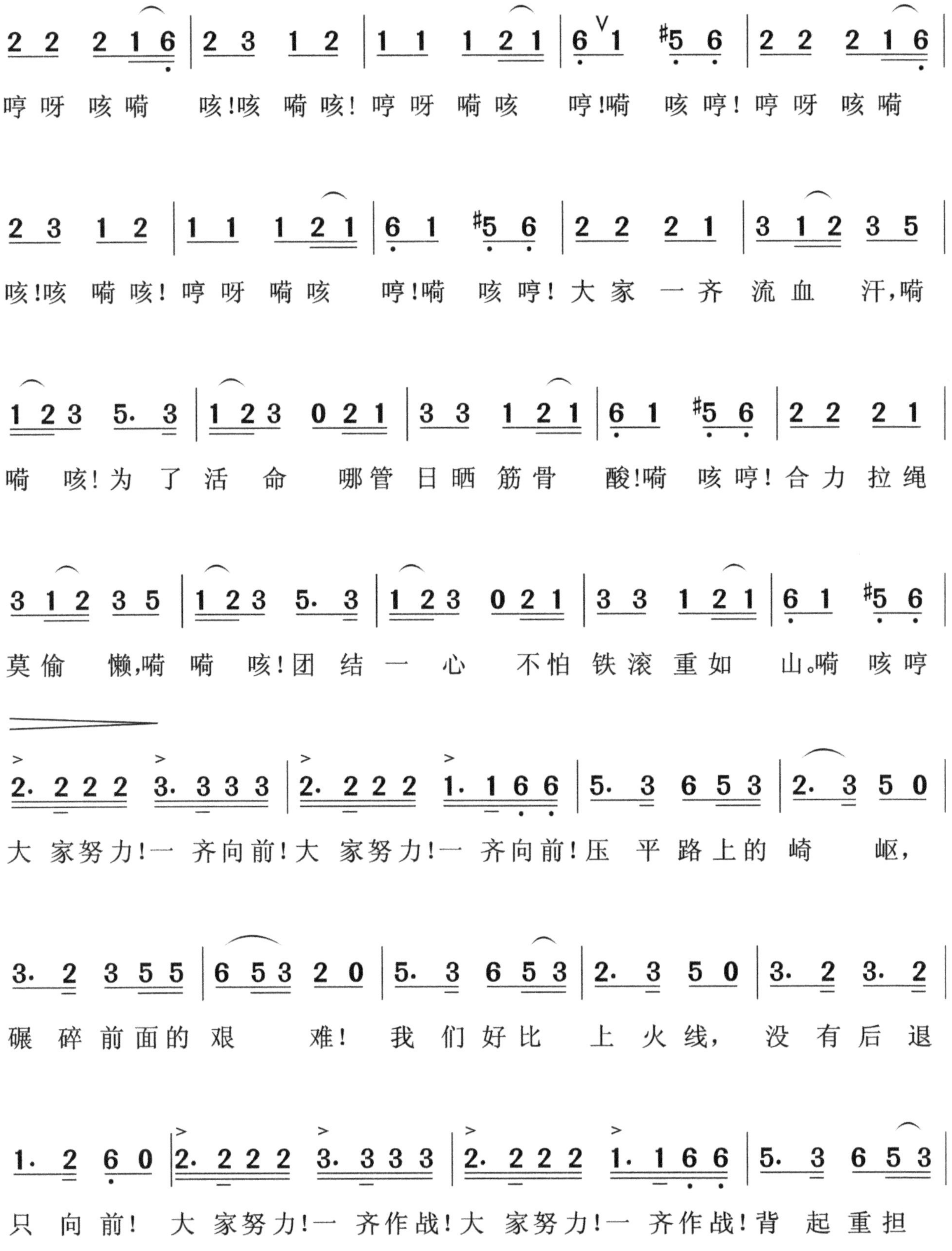

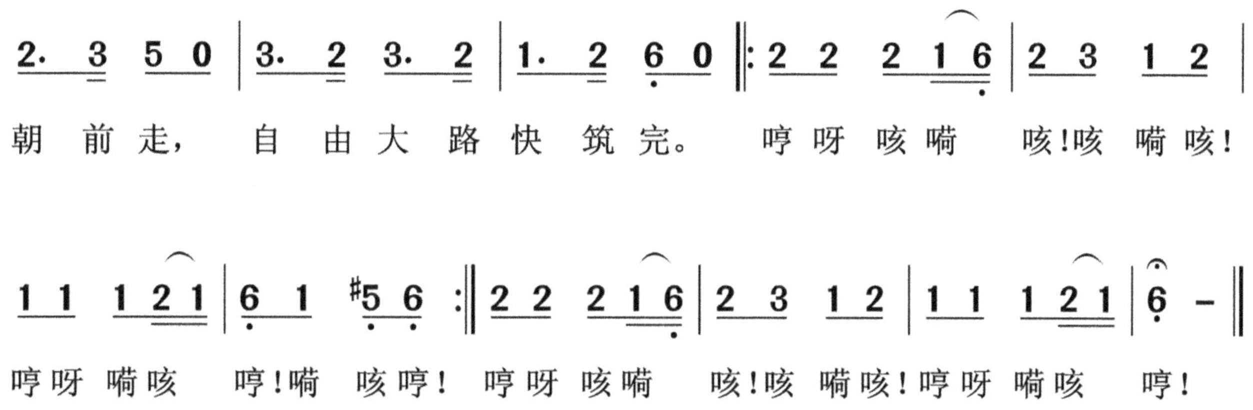

朝 前 走， 自 由 大 路 快 筑 完。 哼 呀 咳 嗬 咳!咳 嗬 咳!

哼 呀 嗬 咳 哼!嗬 咳 哼! 哼 呀 咳 嗬 咳!咳 嗬 咳!哼 呀 嗬 咳 哼!

嫂 子 颂

电视剧《赵尚志》片尾曲

1=F 4/4

中速

裴 逸 词
张 千 一 曲

1. 嫂 子， 嫂 子，借 你 一 双 小 手，捧 一 把 黑
2. 嫂 子， 嫂 子，借 你 一 对 大 脚，踩 一 溜 山

土 先 把 鬼 子 埋 掉。
道 再 把 我 们 送 好。

嫂 子， 嫂 子借 你 一 副 身

板， 挡 一 挡 太 阳，我 们 好 打 胜 仗。噢，

憨 憨 的 嫂 子， 亲 亲 的 嫂 子， 我 们 用 鲜 血 供 奉

你， 憨 憨 的 嫂 子， 亲 亲 的 嫂 子

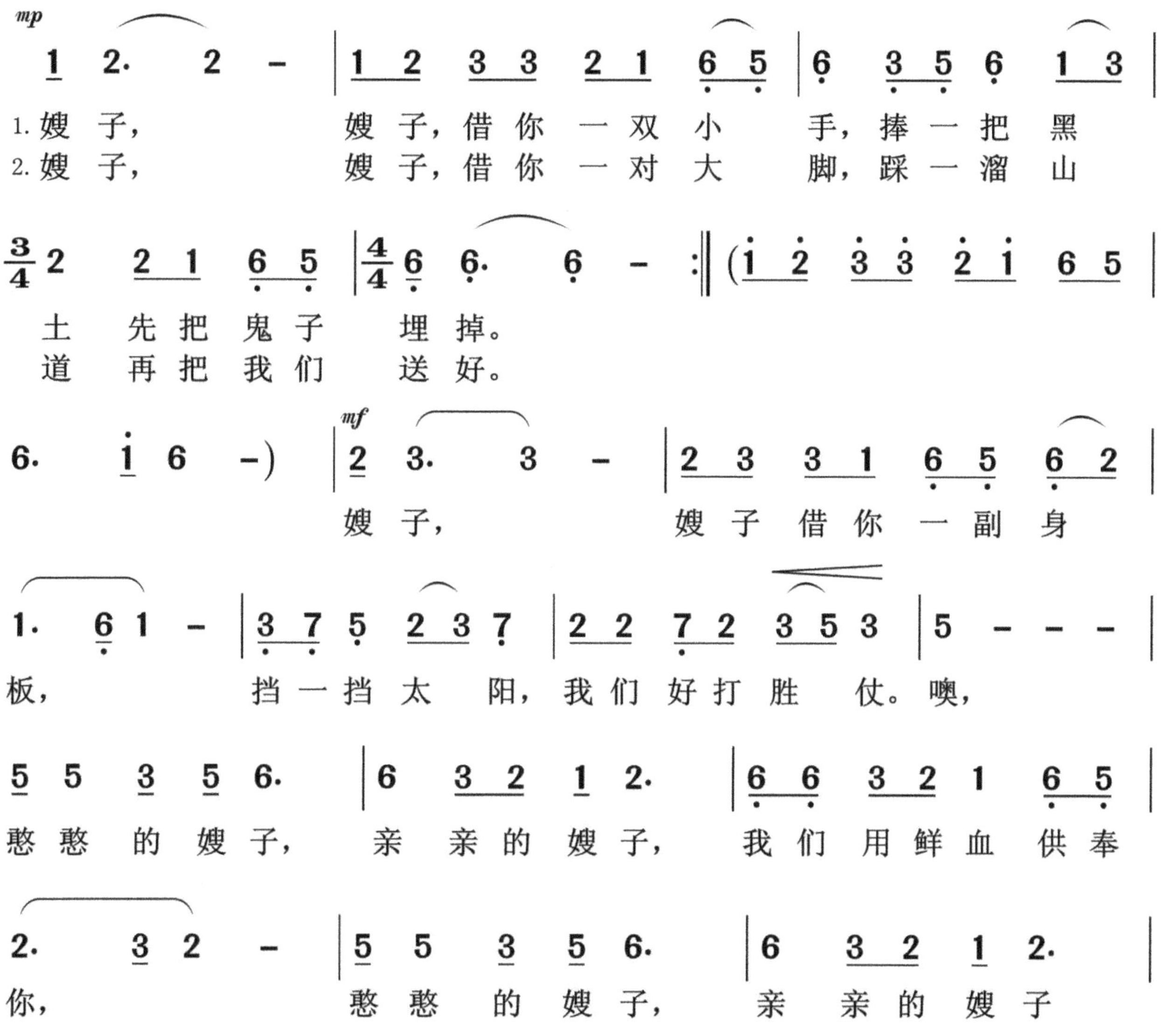

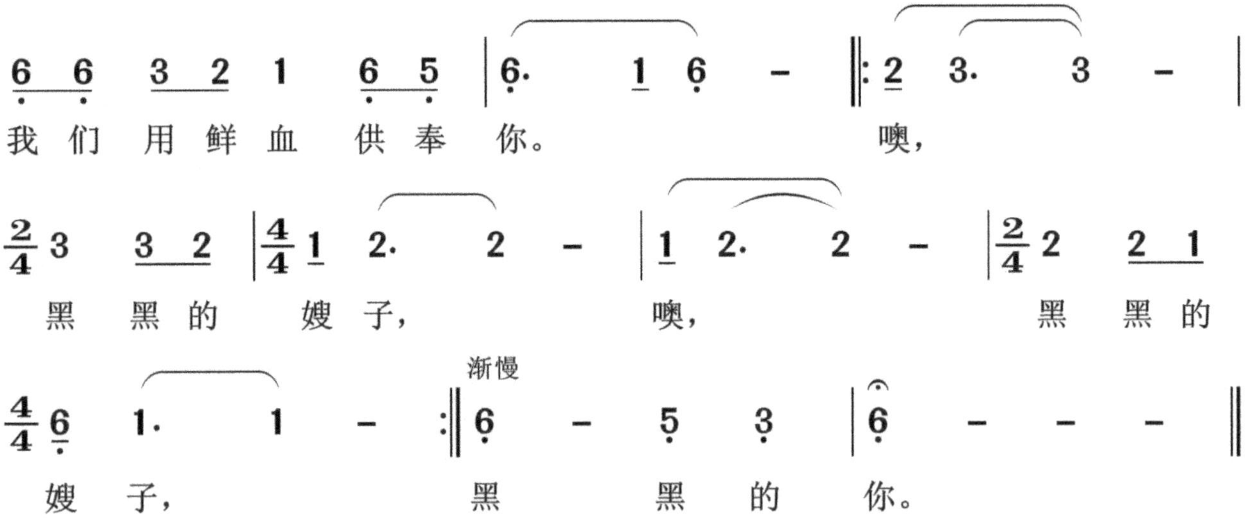

我们 用 鲜血 供奉 你。　　　　噢，

黑 黑的 嫂子，　　　噢，　　　黑 黑的

嫂 子，　　　黑 黑 的 你。

渔 光 曲

电影《渔光曲》主题曲

1=C 4/4

安　娥　词
任　光　曲

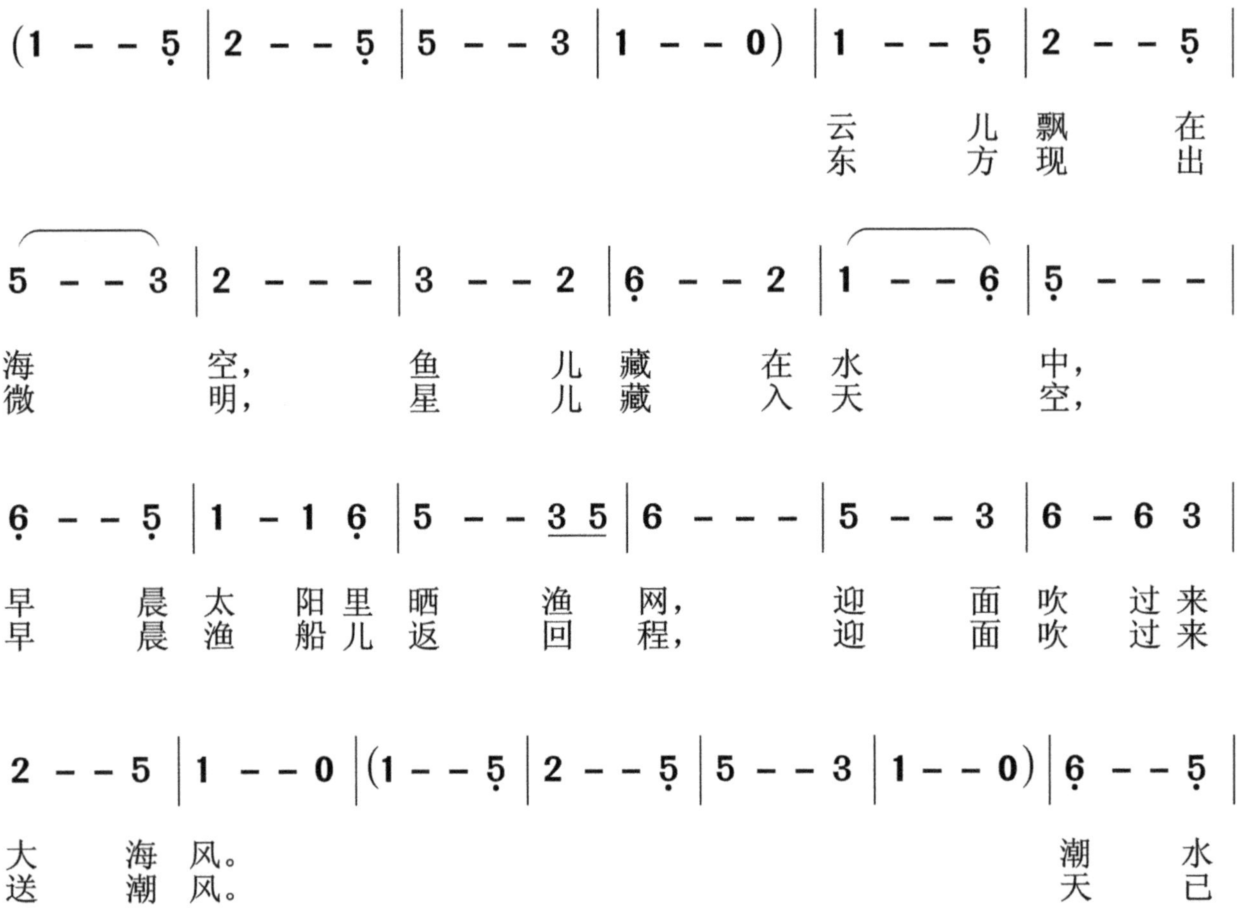

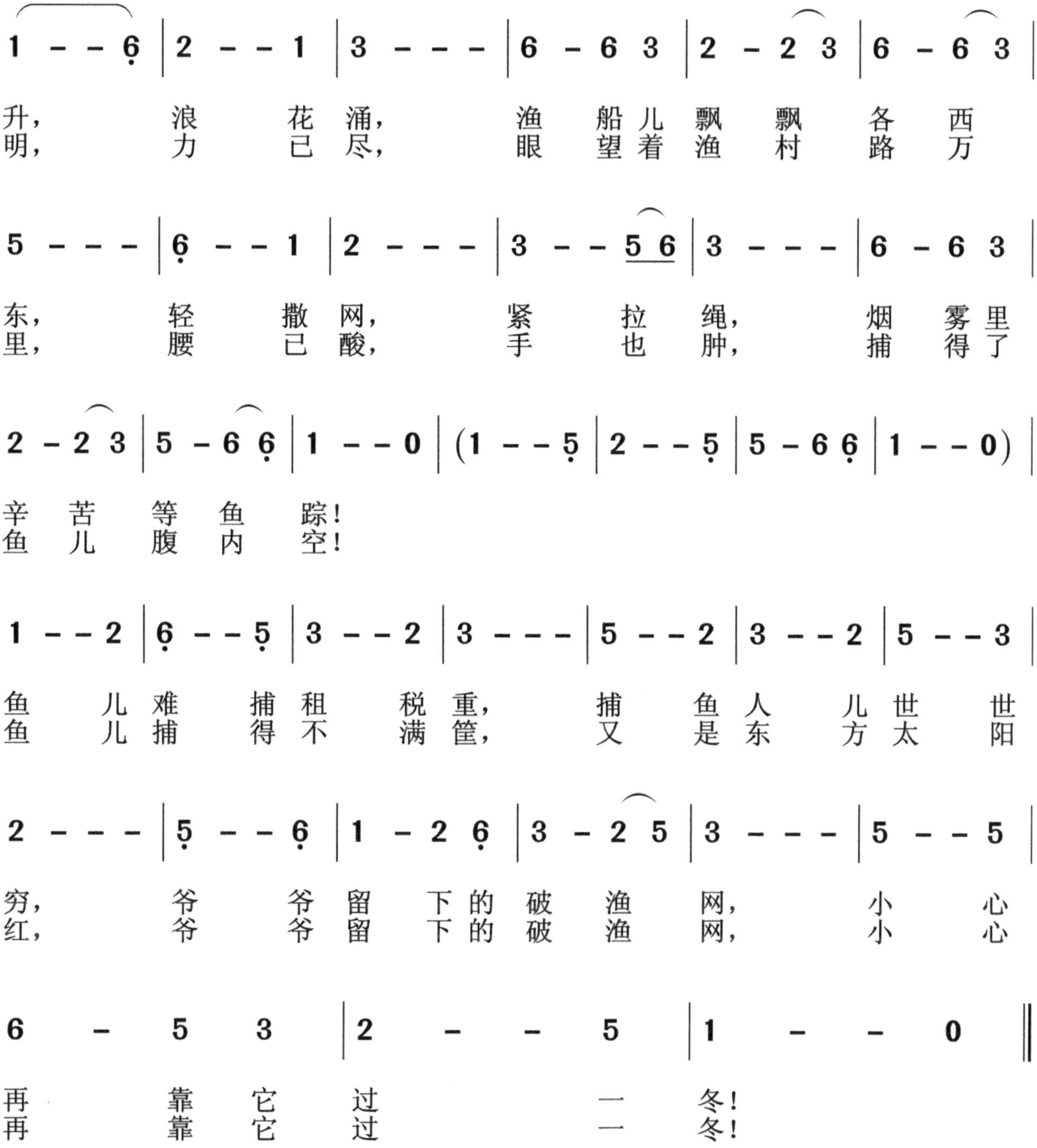

1 - - 6̣ | 2 - - 1 | 3 - - - | 6 - 6 3 | 2 - 2 3 | 6 - 6 3 |
升， 浪 花 涌， 渔 船 儿 飘 飘 各 西
明， 力 已 尽， 眼 望 着 渔 村 路 万

5 - - - | 6̣ - - 1 | 2 - - - | 3 - - 5 6 | 3 - - - | 6 - 6 3 |
东， 轻 撒 网， 紧 拉 绳， 烟 雾 里，
里， 腰 已 酸， 手 也 肿， 捕 得 了

2 - 2 3 | 5 - 6 6̣ | 1 - - 0 | (1 - - 5̣ | 2 - - 5̣ | 5 - 6 6̣ | 1 - - 0) |
辛 苦 等 鱼 踪！
鱼 儿 腹 内 空！

1 - - 2 | 6̣ - - 5̣ | 3 - - 2 | 3 - - - | 5 - - 2 | 3 - - 2 | 5 - - 3 |
鱼 儿 难 捕 租 税 重， 捕 鱼 人 儿 世 世
鱼 儿 捕 得 不 满 筐， 又 是 东 方 太 阳

2 - - - | 5̣ - - 6̣ | 1 - 2 6̣ | 3 - 2 5 | 3 - - - | 5 - - 5 |
穷， 爷 爷 留 下 的 破 渔 网， 小 心
红， 爷 爷 留 下 的 破 渔 网， 小 心

6 - 5 3 | 2 - - 5 | 1 - - 0 ‖
再 靠 它 过 一 冬！
再 靠 它 过 一 冬！

一 剪 梅

电视剧《一剪梅》片头曲

1=F 4/4

娃 娃 词
陈 怡 曲

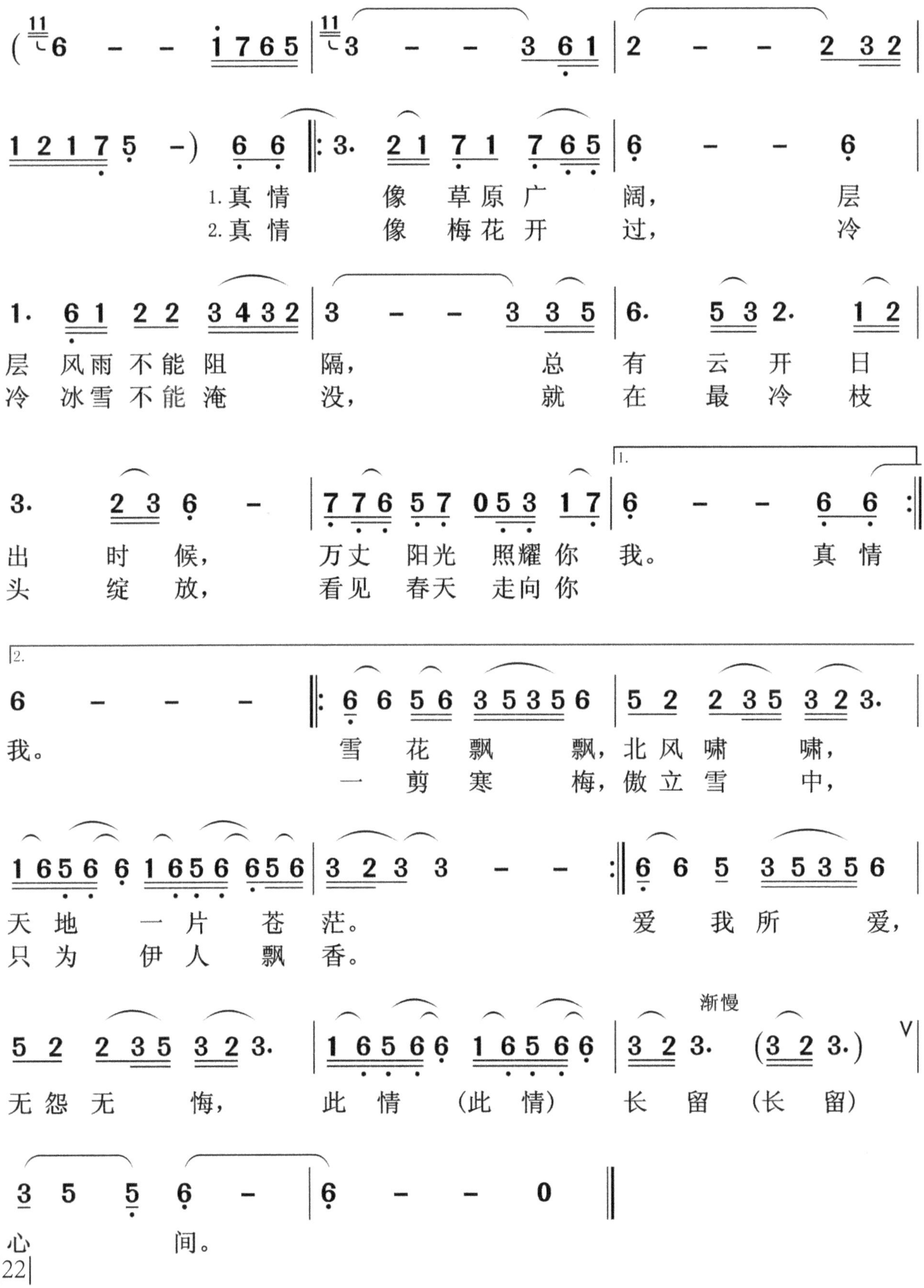

忘 情 水

电影《天与地》片尾曲

1=F 4/4

李安修 词
陈耀川 曲

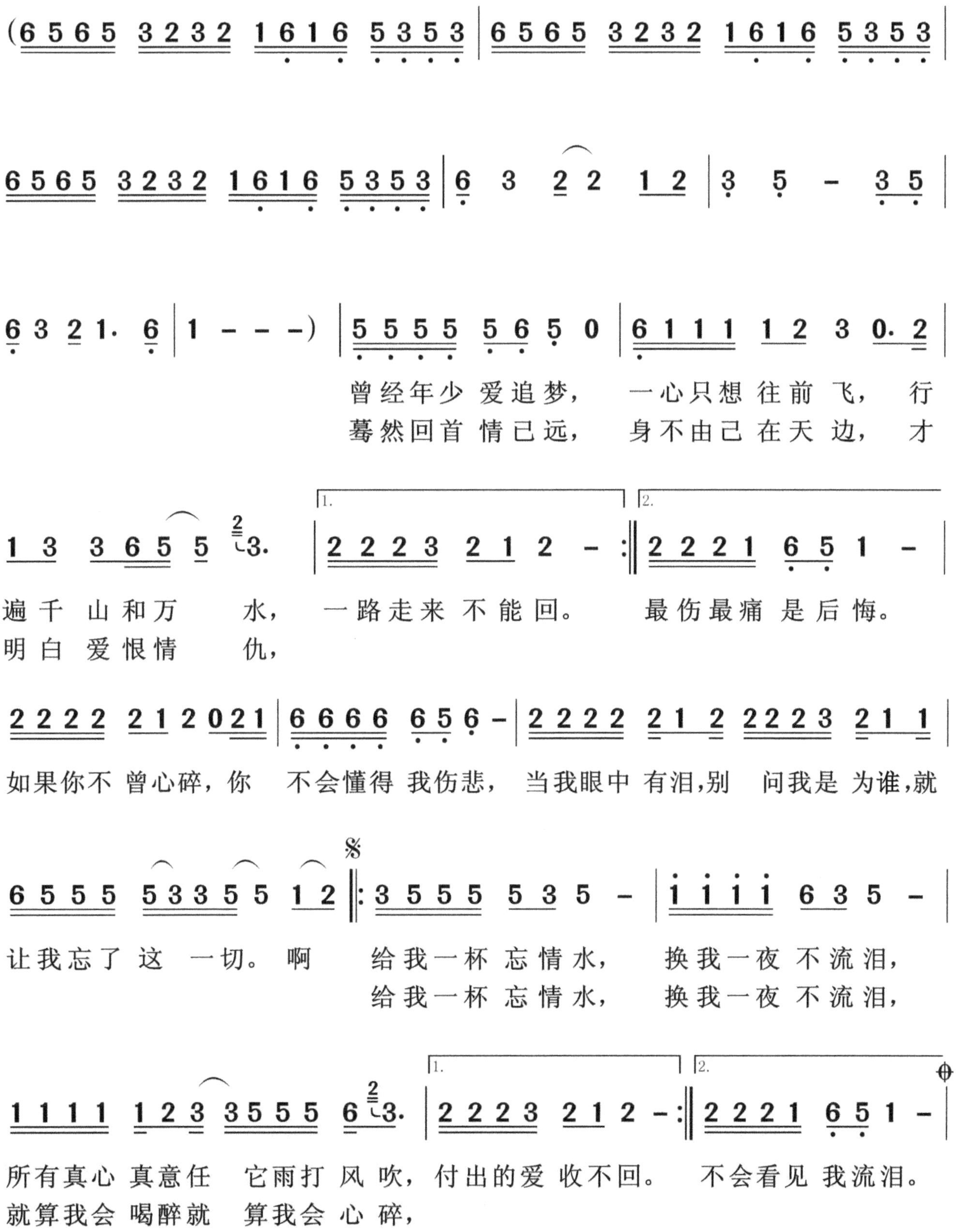

啊　就算我会 喝醉就　算我会 心 碎，不会看见 我流泪。

好 汉 歌

电视剧《水浒传》片尾曲

易　茗 词
赵季平 曲

1=♯C　4/4

（独）大 河 向 东　流 哇，
（独）大 河 向 东　流 哇，

天上的 星星 参北　斗哇，(伴)唉嗨　嗨参北　斗哇，生死 之交 一 碗 酒哇，
天上的 星星 参北　斗哇，(伴)唉嗨　嗨参北　斗哇，不分 贵贱 一 碗 酒哇，

（独）说 走咱就　走哇，你有 我有 全都　有哇。(伴)唉 嗨 唉嗨 全都　有哇，
（独）说 走咱就　走哇，你有 我有 全都　有哇。(伴)唉 嗨 唉嗨 全都　有哇，

水里 火里 不 回 头哇。(独)路 见 不平 一 声 吼哇，该 出 手时就 出 手哇，
一路 看天 天 低 头哇。(伴)路 见 不平 一 声 吼哇，该 出 手时就 出 手哇，

风风 火火 闯 九 州哇。(独)嗨　呀 依儿 呀　嗨 唉嗨 依 儿呀，
风风 火火 闯 九 州哇。

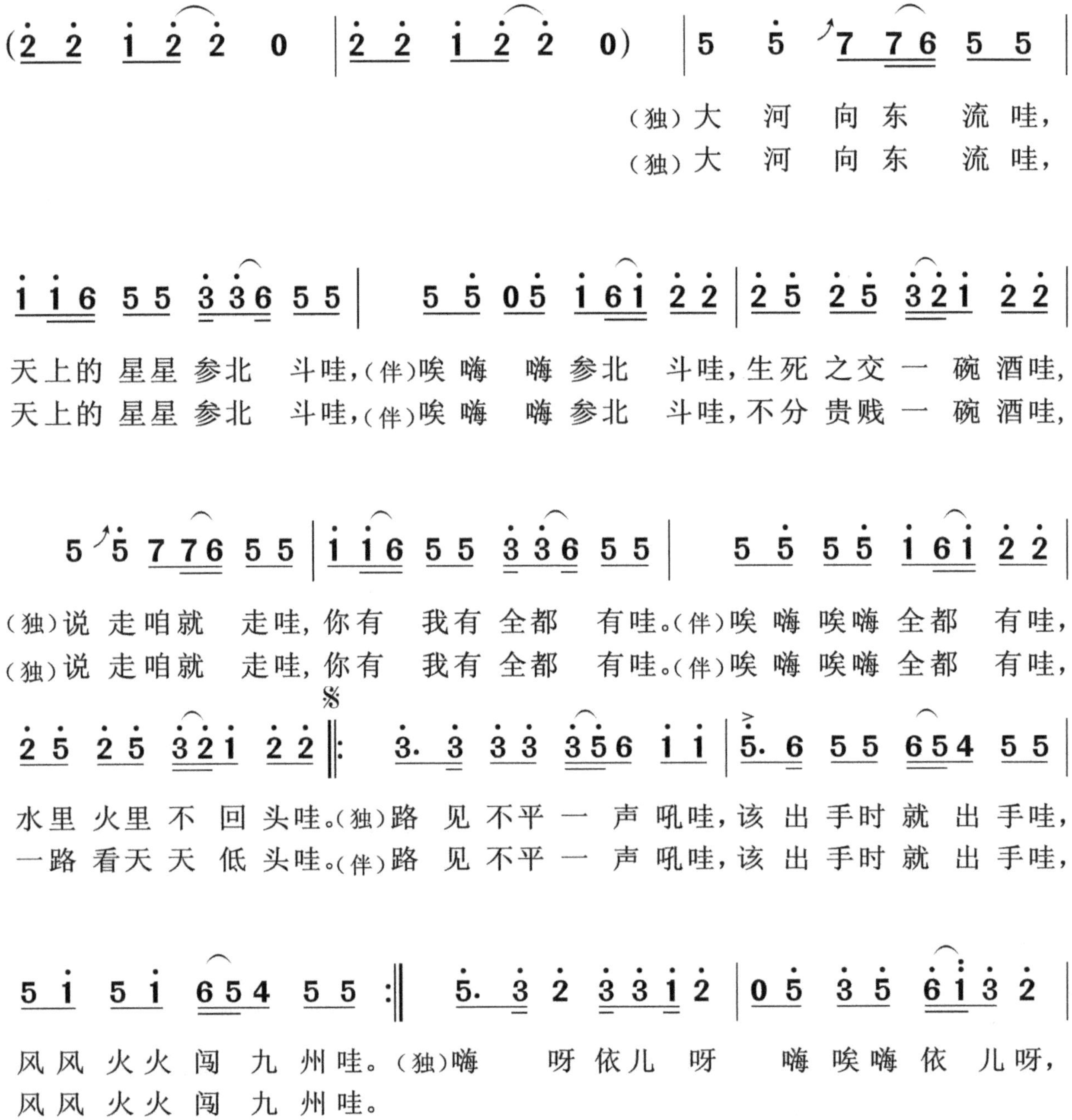

草 原 晨 曲

电影《草原晨曲》主题曲

1=C 4/4

玛拉沁夫 词
通 福 曲

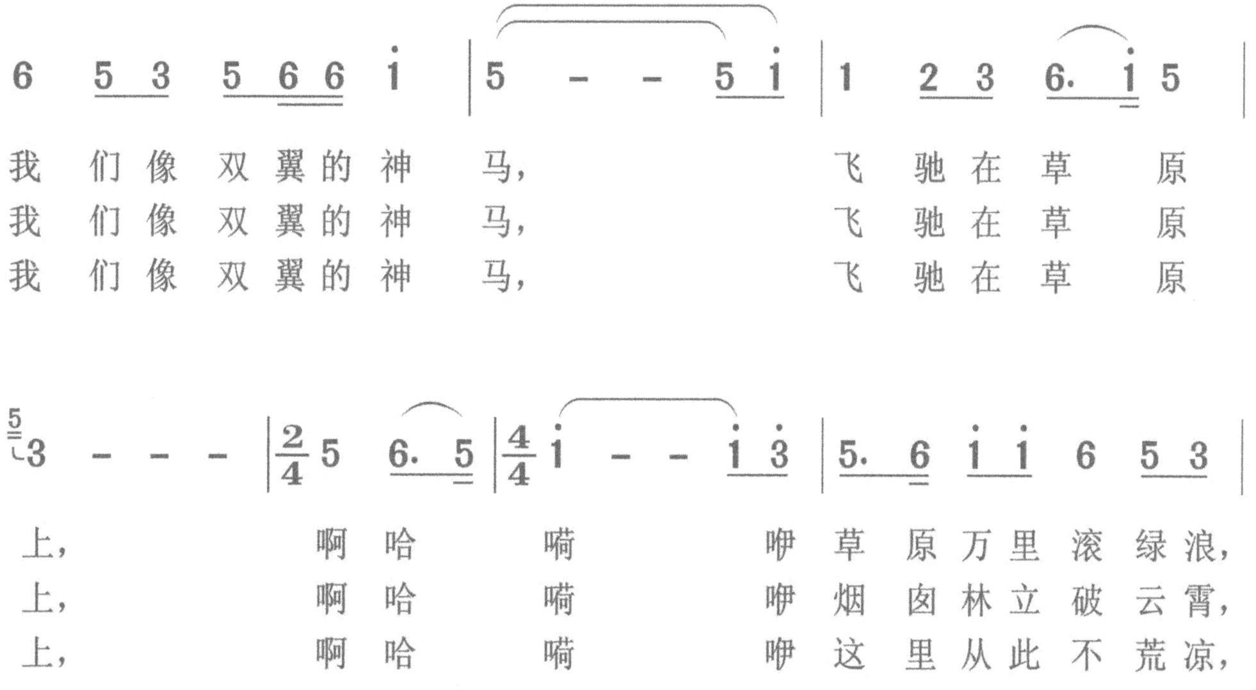

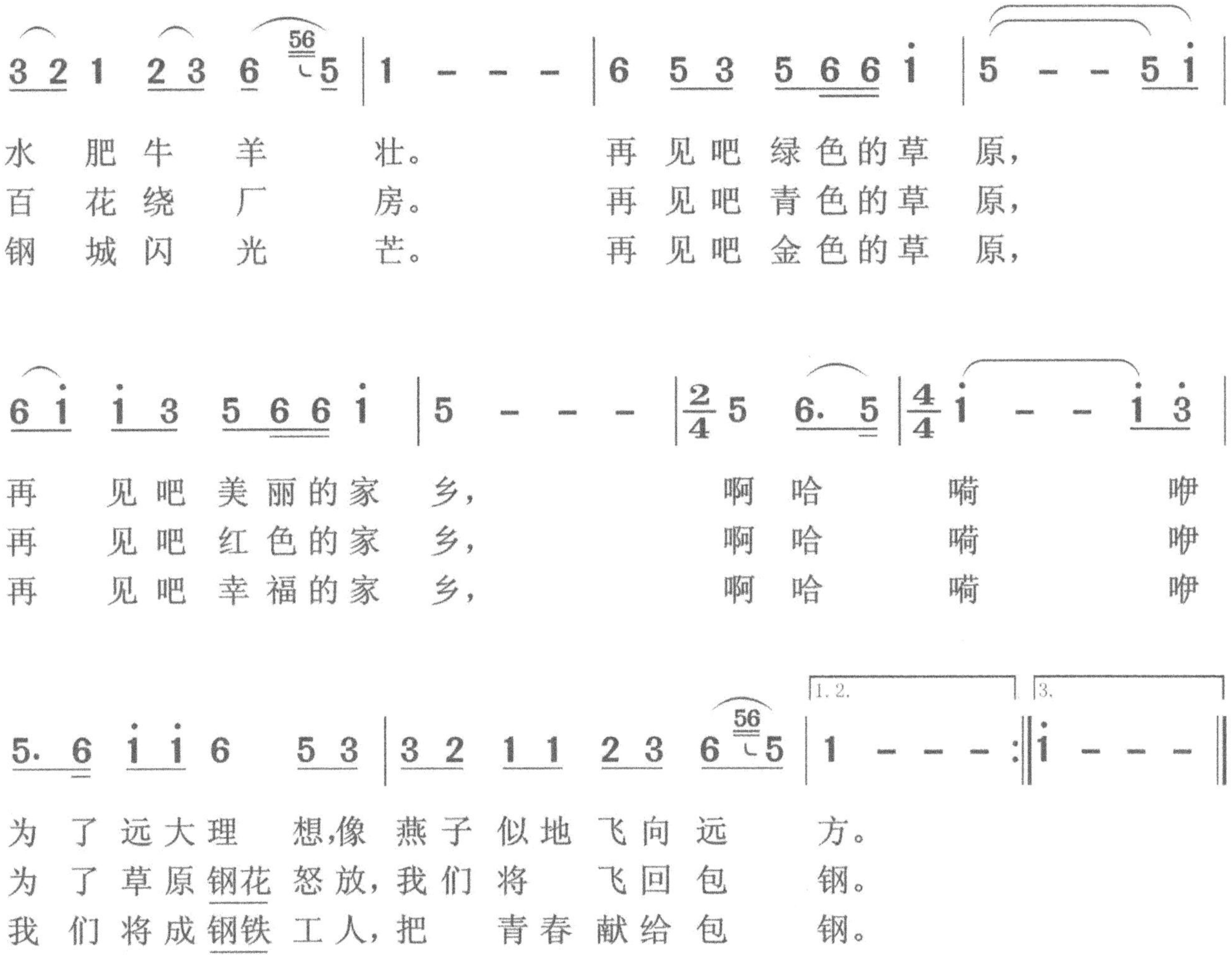

3 2 1 2 3 6 5 | 1 - - - | 6 5 3 5 6 6 i | 5 - - 5 i
水 肥 牛 羊 壮。 再 见 吧 绿 色 的 草 原，
百 花 绕 厂 房。 再 见 吧 青 色 的 草 原，
钢 城 闪 光 芒。 再 见 吧 金 色 的 草 原，

6 i i 3 5 6 6 i | 5 - - - | 2/4 5 6.5 | 4/4 i - - i 3
再 见 吧 美 丽 的 家 乡， 啊 哈 嗬 咿
再 见 吧 红 色 的 家 乡， 啊 哈 嗬 咿
再 见 吧 幸 福 的 家 乡， 啊 哈 嗬 咿

5.6 i i 6 5 3 | 3 2 1 1 2 3 6 5 | 1 - - - : i - - -
为 了 远 大 理 想，像 燕 子 似 地 飞 向 远 方。
为 了 草 原 钢 花 怒 放，我 们 将 飞 回 包 钢。
我 们 将 成 钢 铁 工 人，把 青 春 献 给 包 钢。
1. 2.   3.

十 送 红 军

电视剧《长征》片尾曲

1=C 2/4

江 西 民 歌
张 士 燮 编词
朱 正 本 编曲

稍慢　深情地

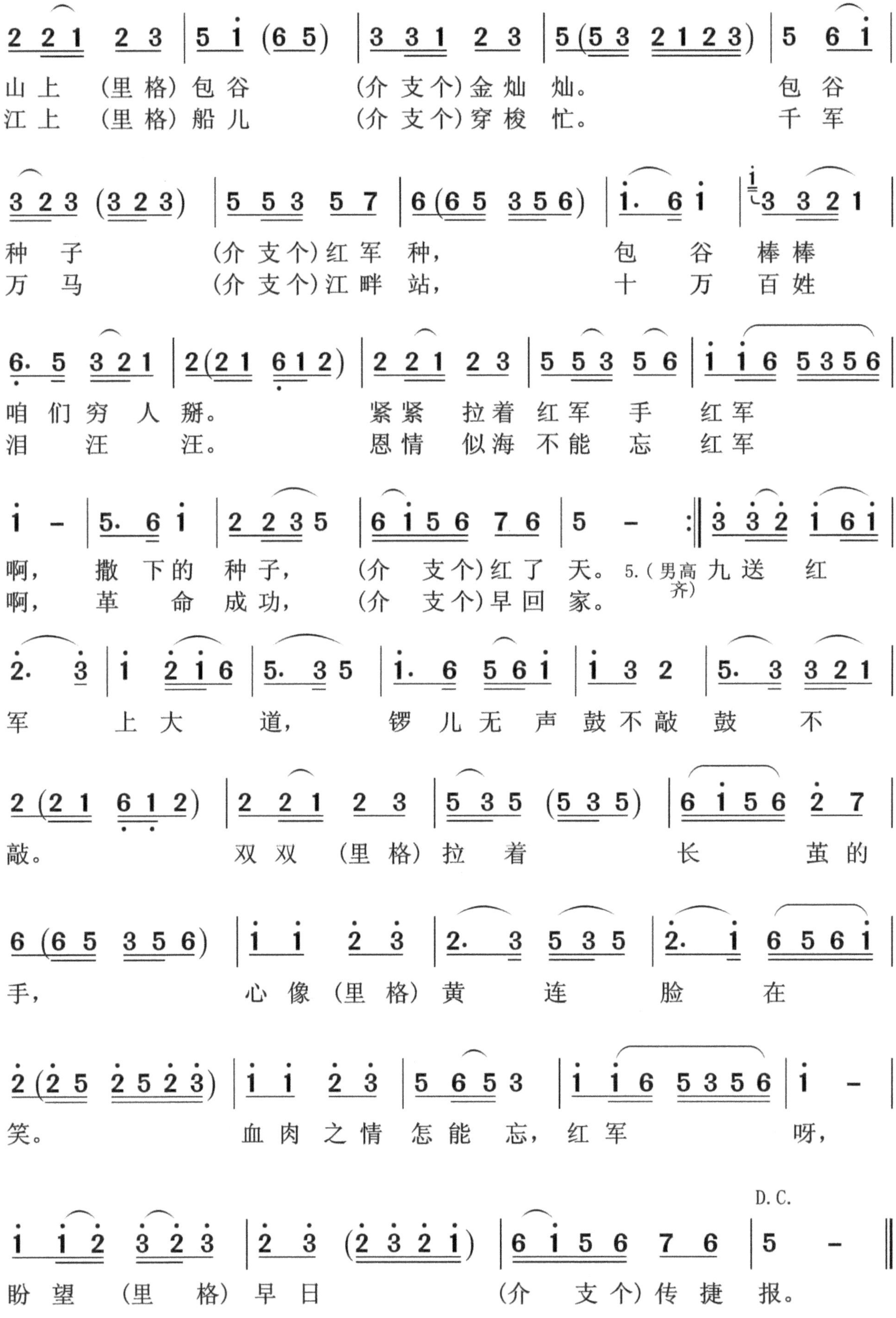

山上 (里格)包谷 (介支个)金灿 灿。 包谷
江上 (里格)船儿 (介支个)穿梭 忙。 千军
种 子 (介支个)红军 种, 包 谷 棒棒
万 马 (介支个)江畔 站, 十 万 百姓
咱们穷人 掰。 紧紧 拉着红军 手 红军
泪 汪 汪。 恩情 似海不能 忘 红军
啊, 撒 下的 种子, (介 支个)红了 天。 5.(男高 九 送 红
齐)
啊, 革 命 成功, (介 支个)早回 家。
军 上大 道, 锣儿无 声鼓不敲 鼓 不
敲。 双双 (里格)拉着 长 茧的
手, 心像(里格)黄 连 脸 在
笑。 血肉之情 怎能 忘, 红军 呀,
D.C.
盼望 (里格)早日 (介 支个)传捷 报。

在水一方

电影《在水一方》主题曲

1=D 2/4

琼 瑶 词
林家庆 曲

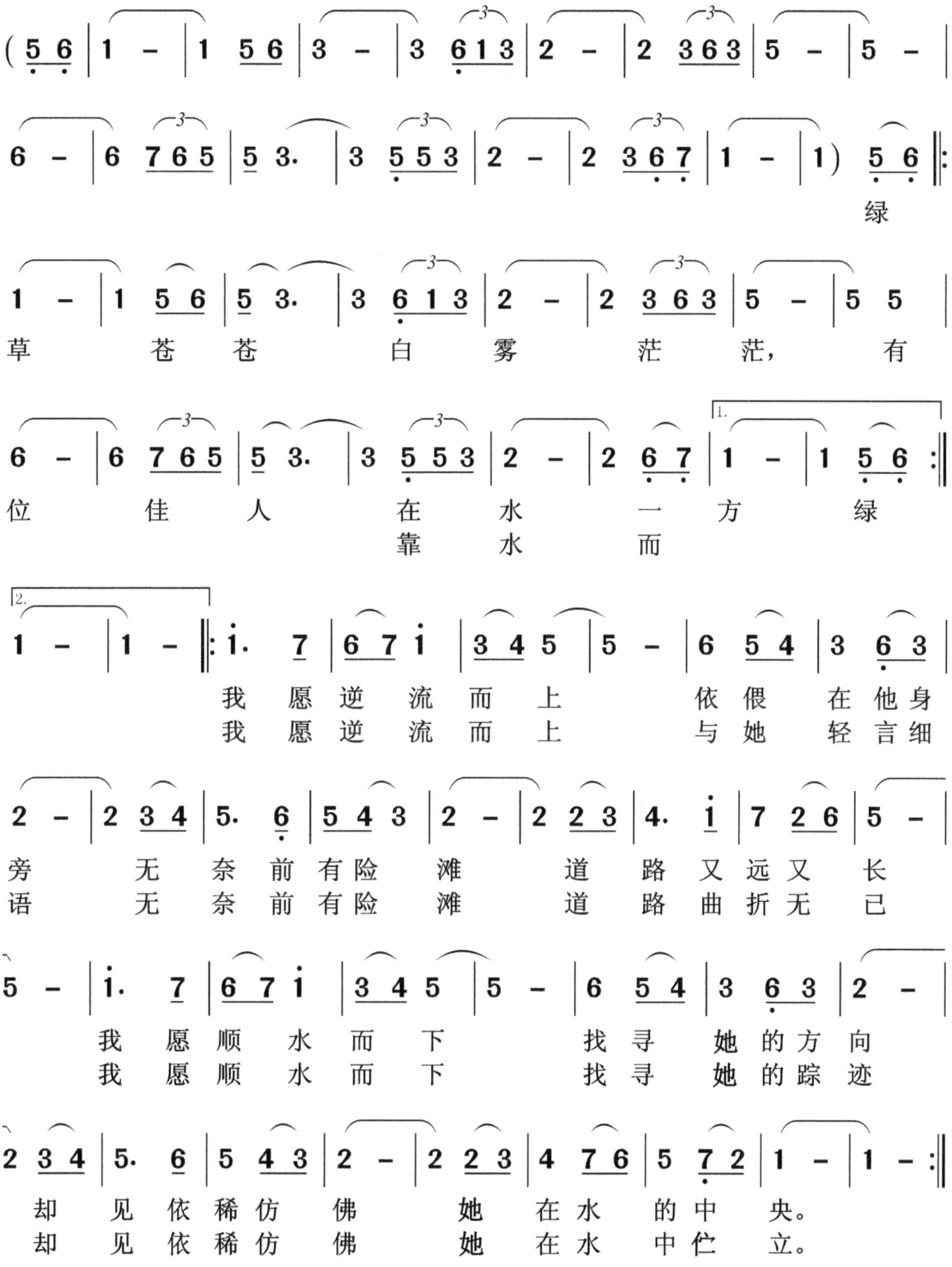

英雄赞歌

电影《英雄儿女》插曲

1=♭E 4/4
深情地

公 木 词
刘 炽 曲

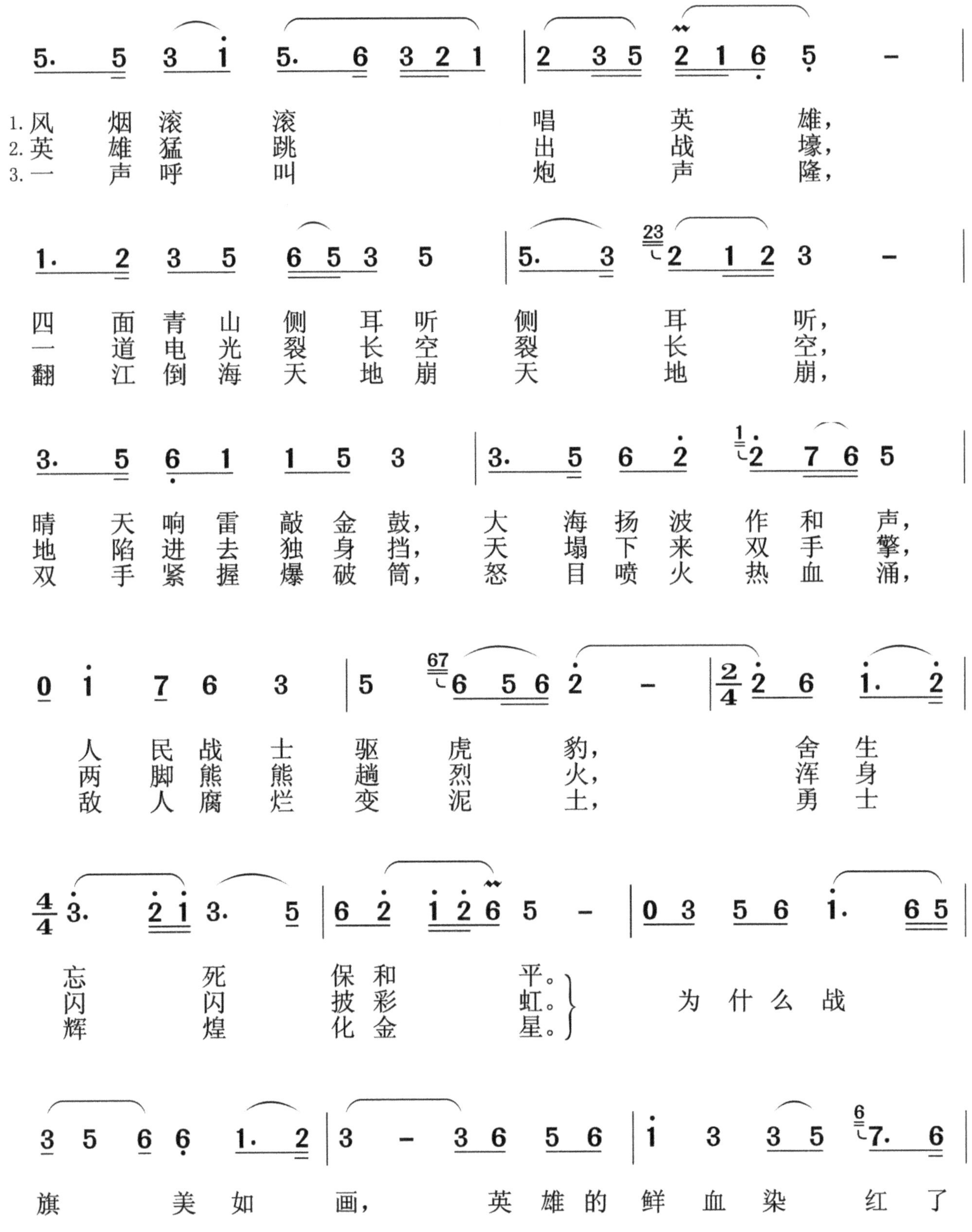

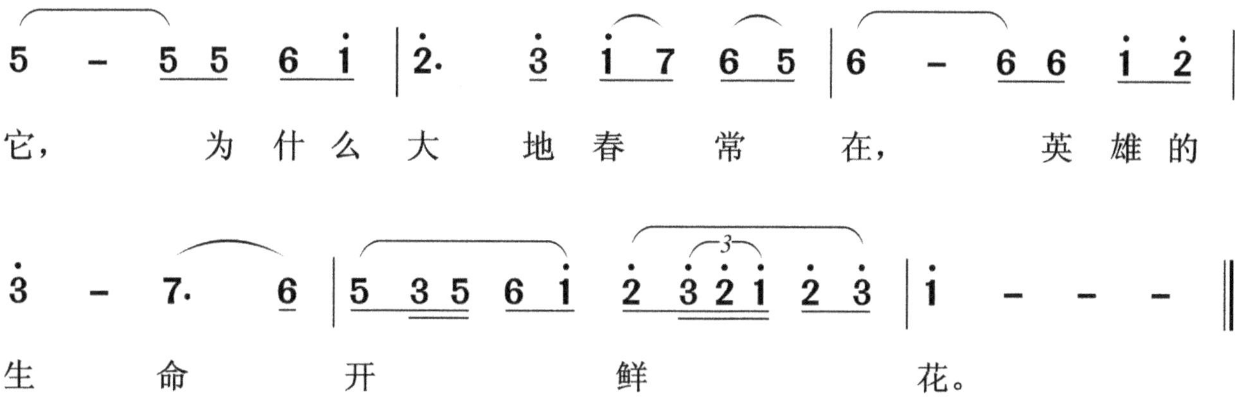

青藏高原

电视剧《天路》片头曲

1=F　4/4　2/4　3/4

张千一　词曲

♩=58　明朗的慢板　高亢、山歌风格

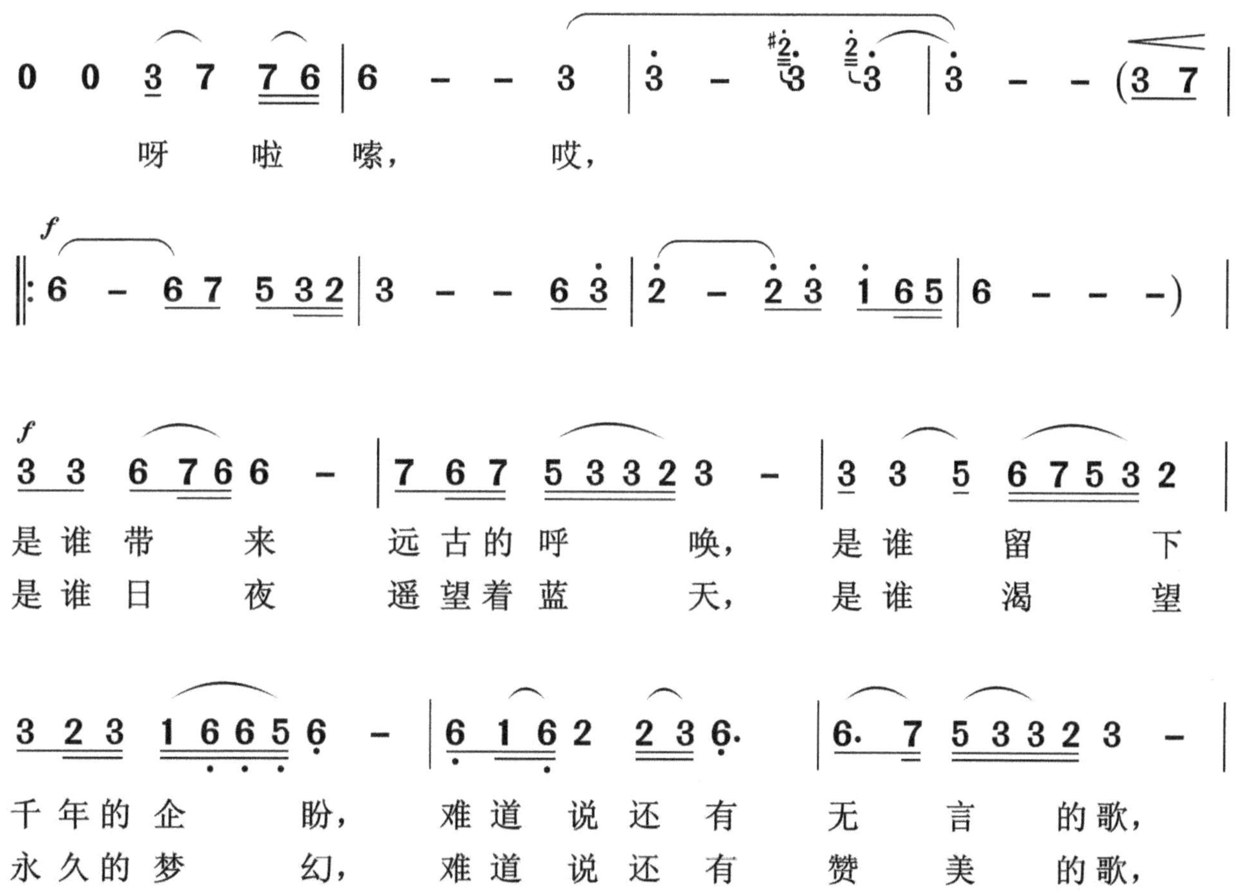

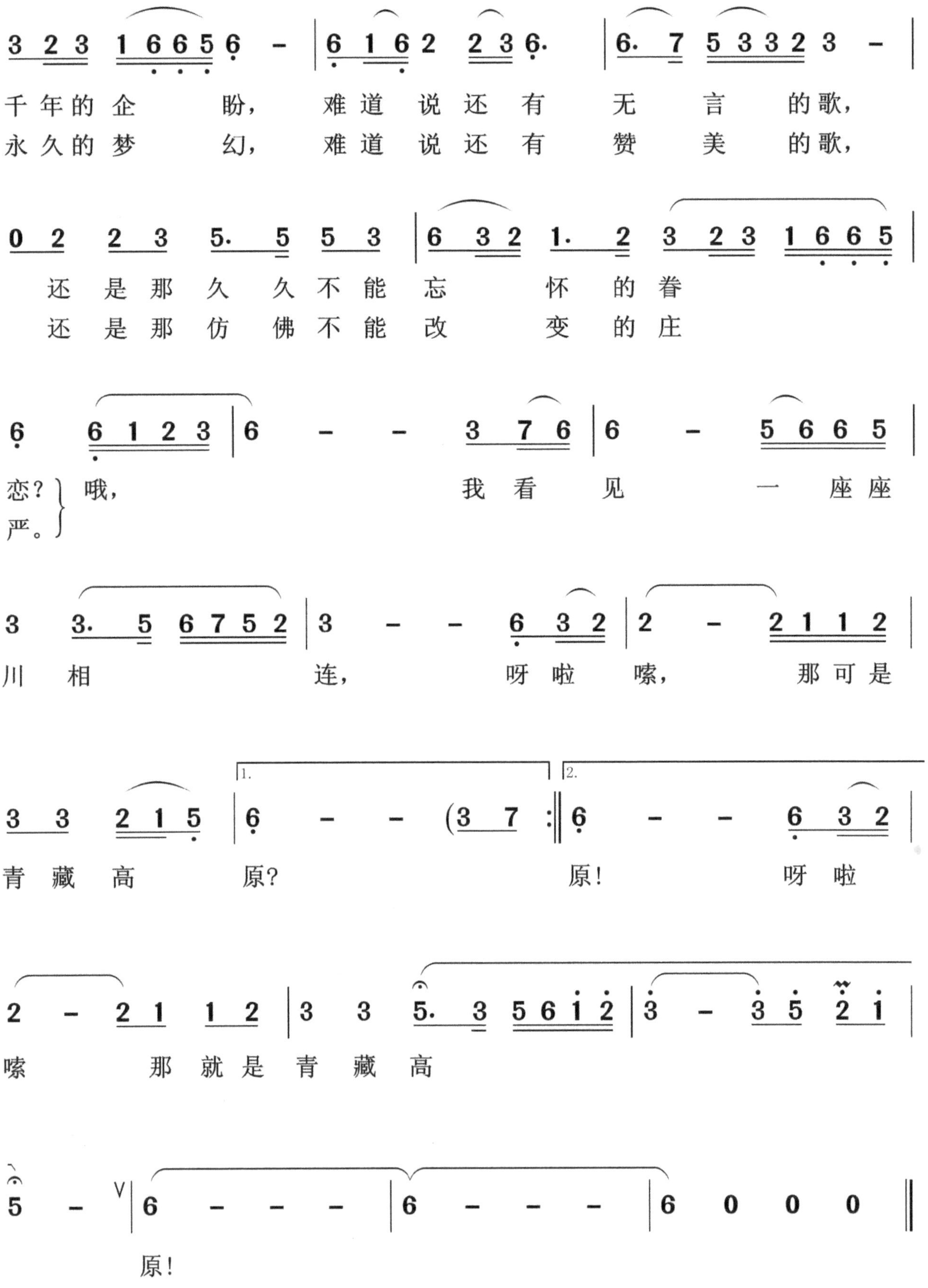

千年的企盼，难道说还有无言的歌，
永久的梦幻，难道说还有赞美的歌，
还是那久久不能忘怀的眷恋？哦，
还是那仿佛不能改变的庄严。
我看见一座座山川相连，呀啦嗦，那可是青藏高原？
1. 原！
2. 呀啦嗦那就是青藏高原！原！

红 旗 飘 飘

电视剧《警苑神掌》主题曲

1=♭E 4/4

乔 方 词
李 杰 曲

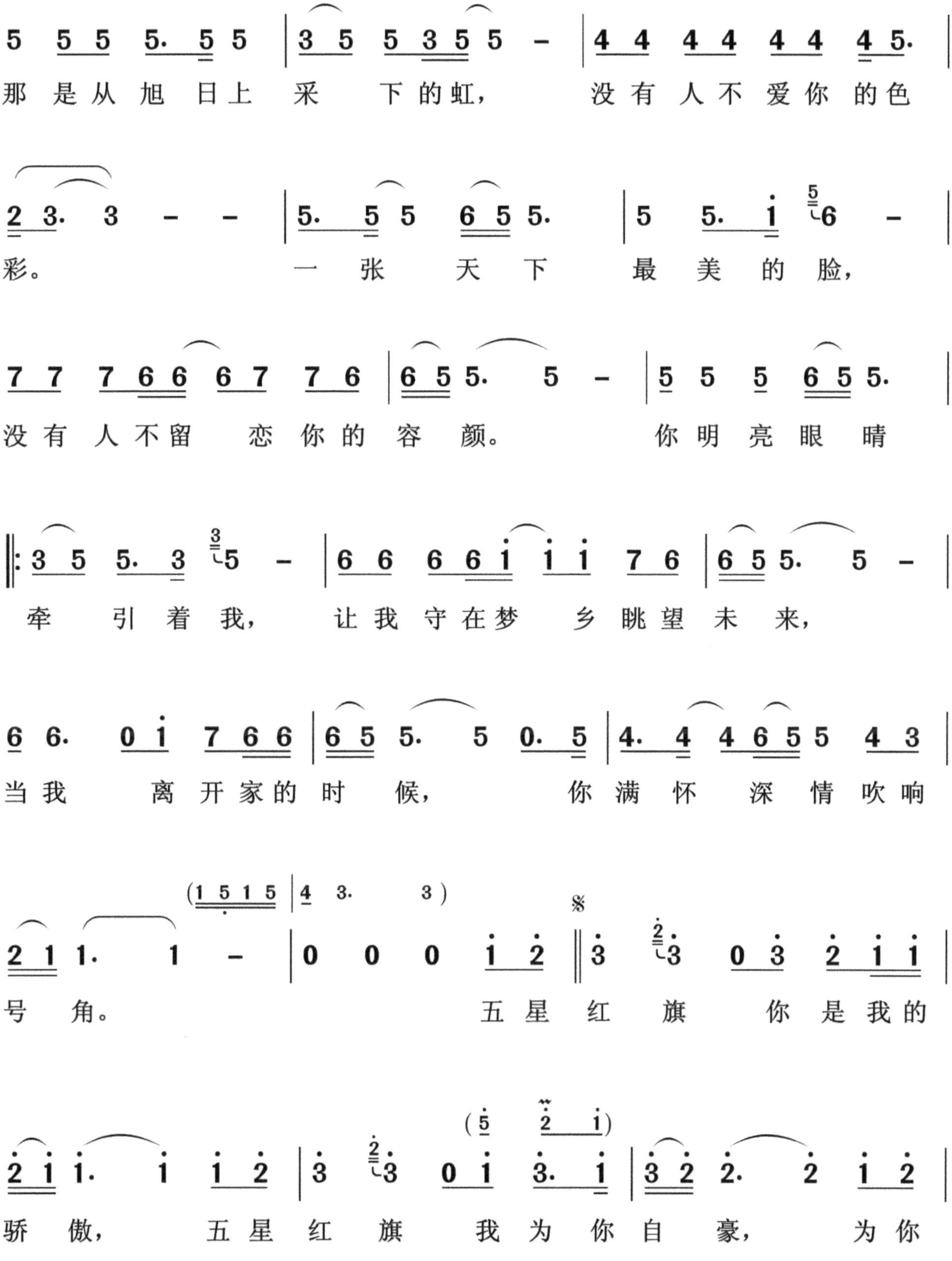

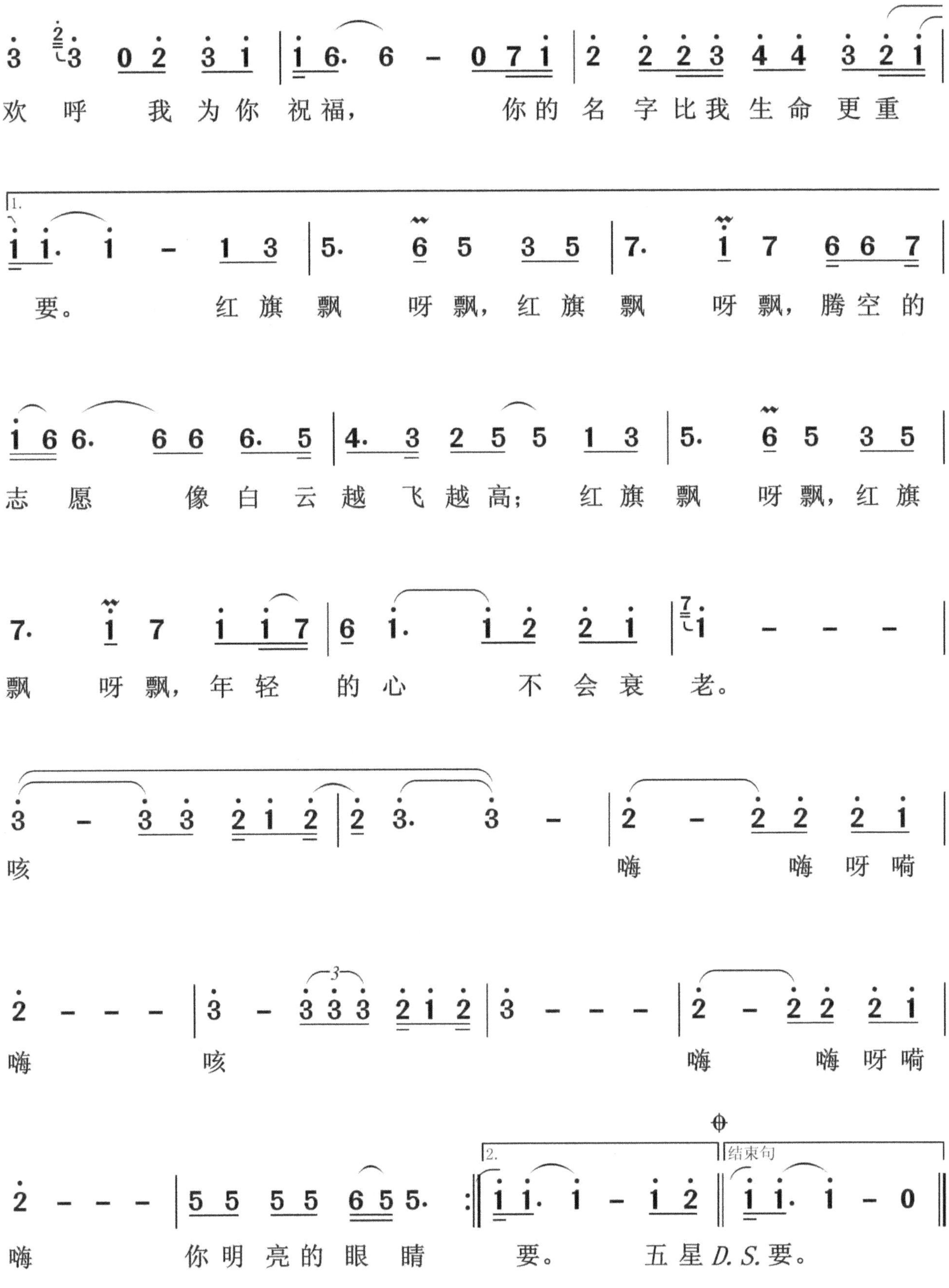

欢 呼 我 为 你 祝 福， 你 的 名 字 比 我 生 命 更 重
要。 红 旗 飘 呀 飘， 红 旗 飘 呀 飘，腾 空 的
志 愿 像 白 云 越 飞 越 高； 红 旗 飘 呀 飘，红 旗
飘 呀 飘，年 轻 的 心 不 会 衰 老。
咳 嗨 嗨呀嗬
嗨 咳 嗨 嗨呀嗬
嗨 你 明 亮 的 眼 睛 要。 五 星 D.S. 要。

东 方 之 珠

电视剧《前路》主题曲
（国语版）

罗大佑 词曲

1=D 4/4

♩=78

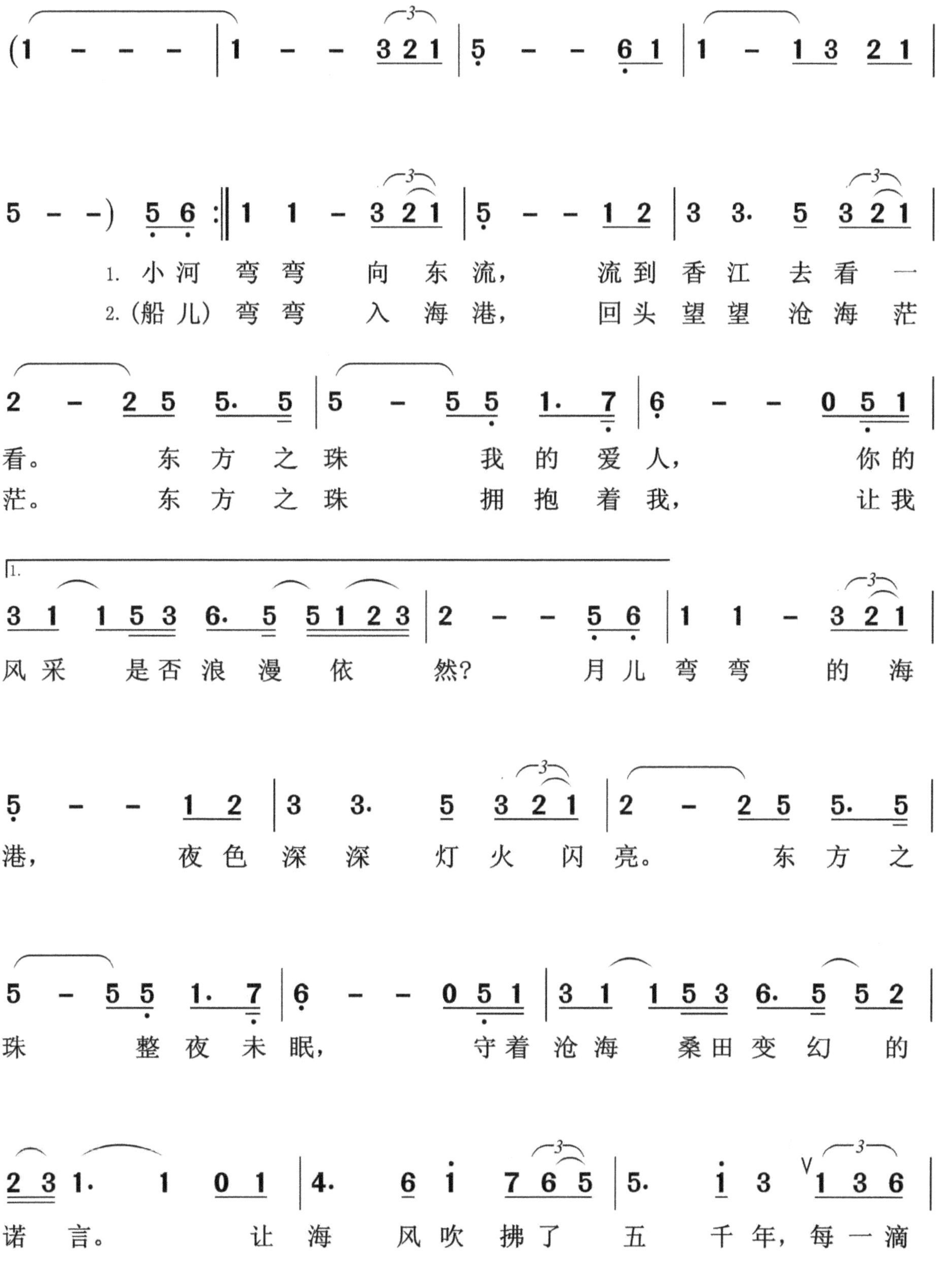

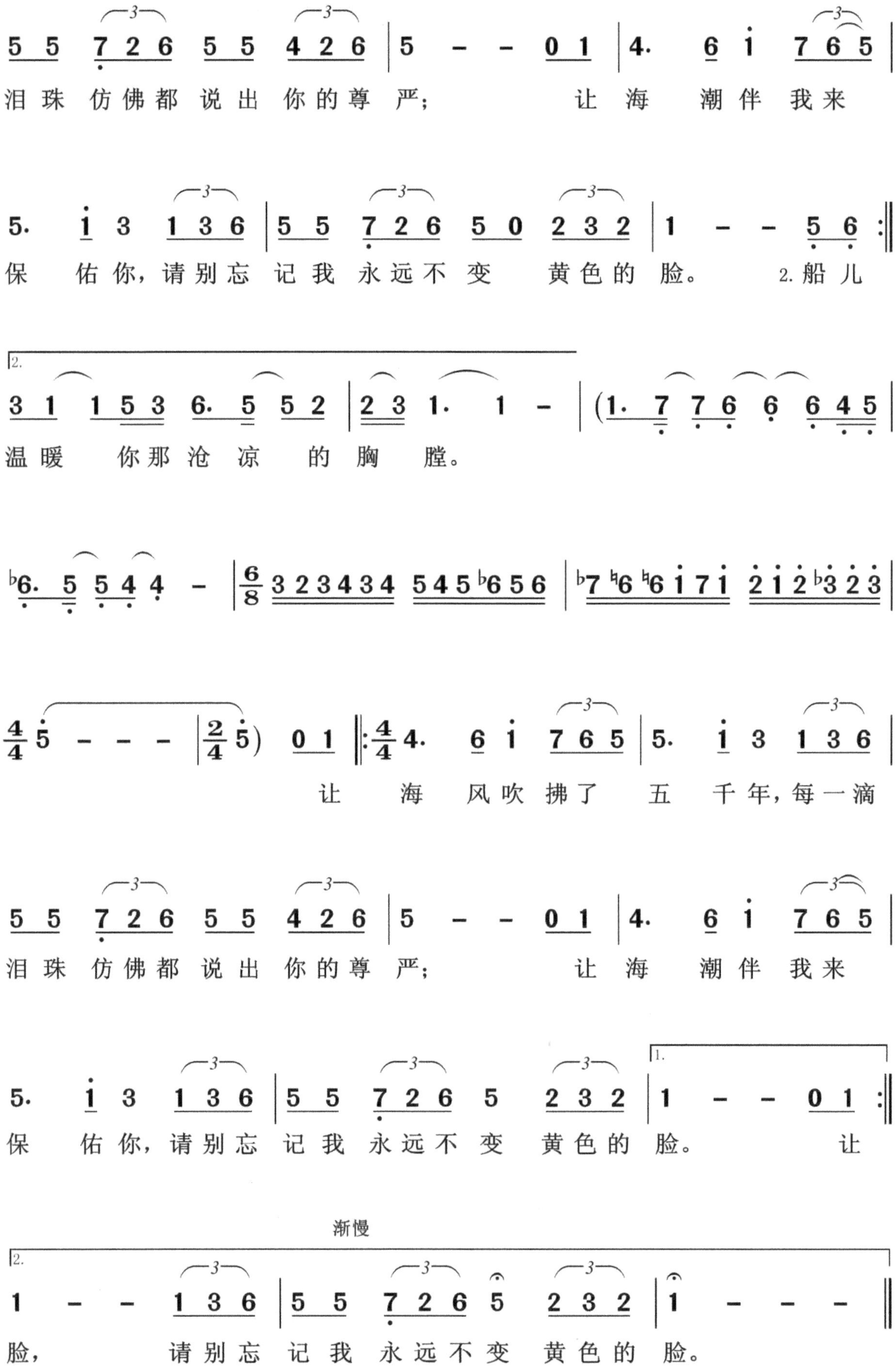

泪珠 仿佛都 说出 你的尊 严；　　　让海 潮伴 我来
保　佑你，请别忘 记我 永远不变　黄色的 脸。　　2.船儿
温暖　　你那沧凉　的 胸 膛。
让　海　风吹拂了 五　千年，每一滴
泪珠 仿佛都 说出 你的尊 严；　　　让海 潮伴 我来
保　佑你，请别忘 记我 永远不变　黄色的 脸。　　　让
渐慢
脸，　　　请别忘 记我 永远不变　黄色的 脸。

小 城 故 事

电影《小城故事》主题曲

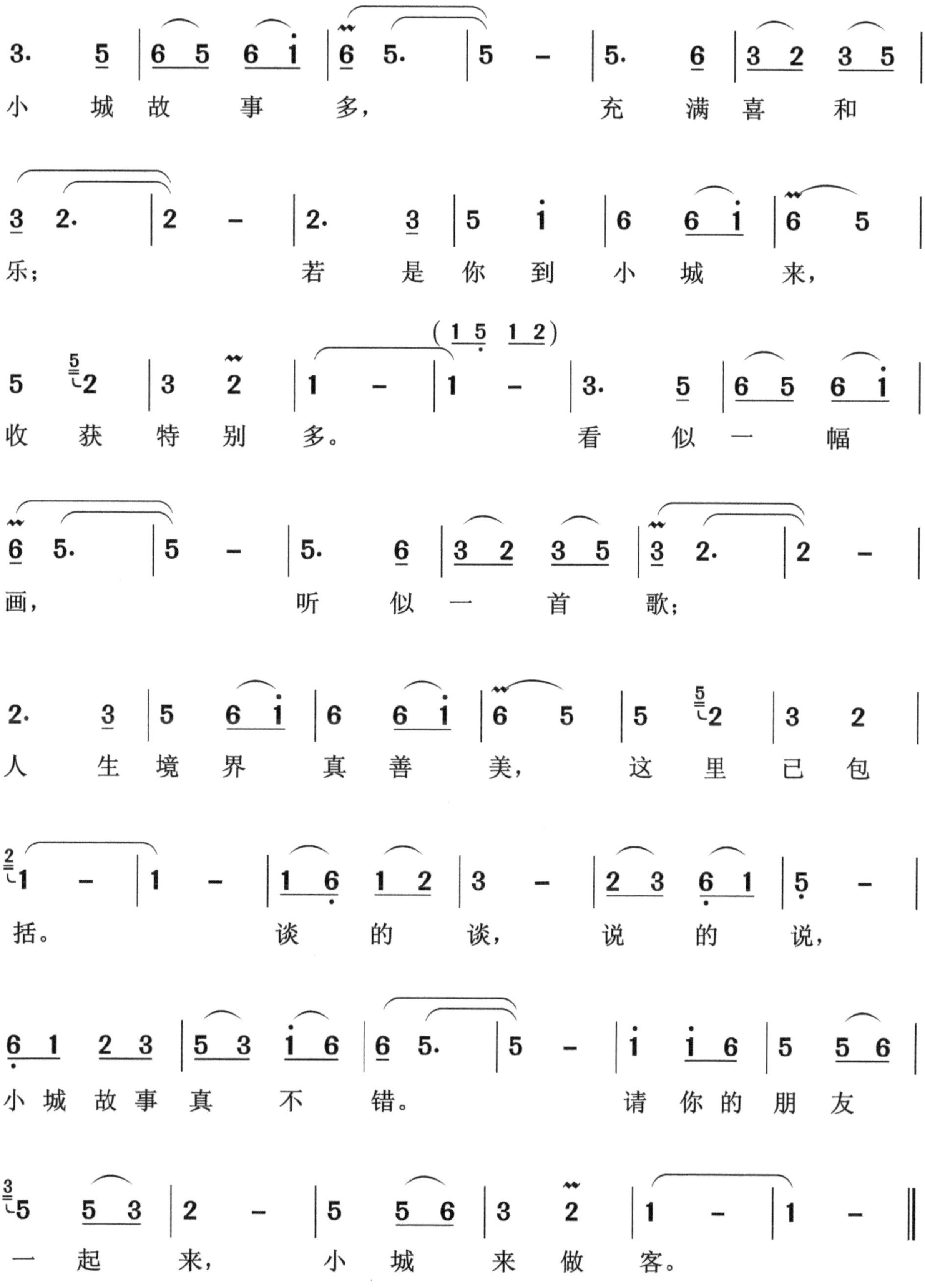

新 不 了 情

电影《新不了情》主题曲

黄　郁 词
鲍比达 曲

1=♭E　4/4

♩=60

我想有个家

电视剧《把爱找回》片尾曲

潘美辰 词曲

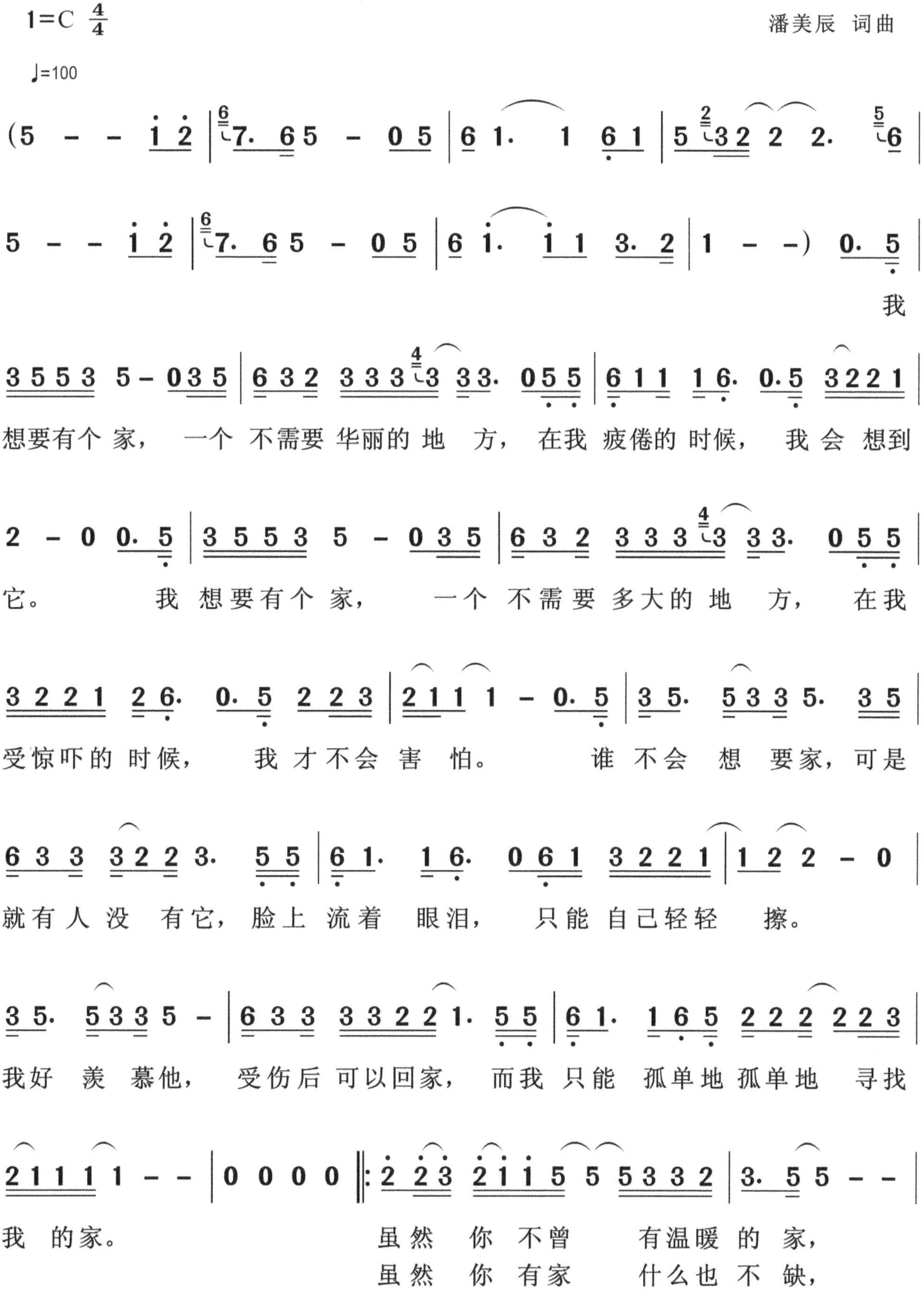

1=C 4/4

♩=100

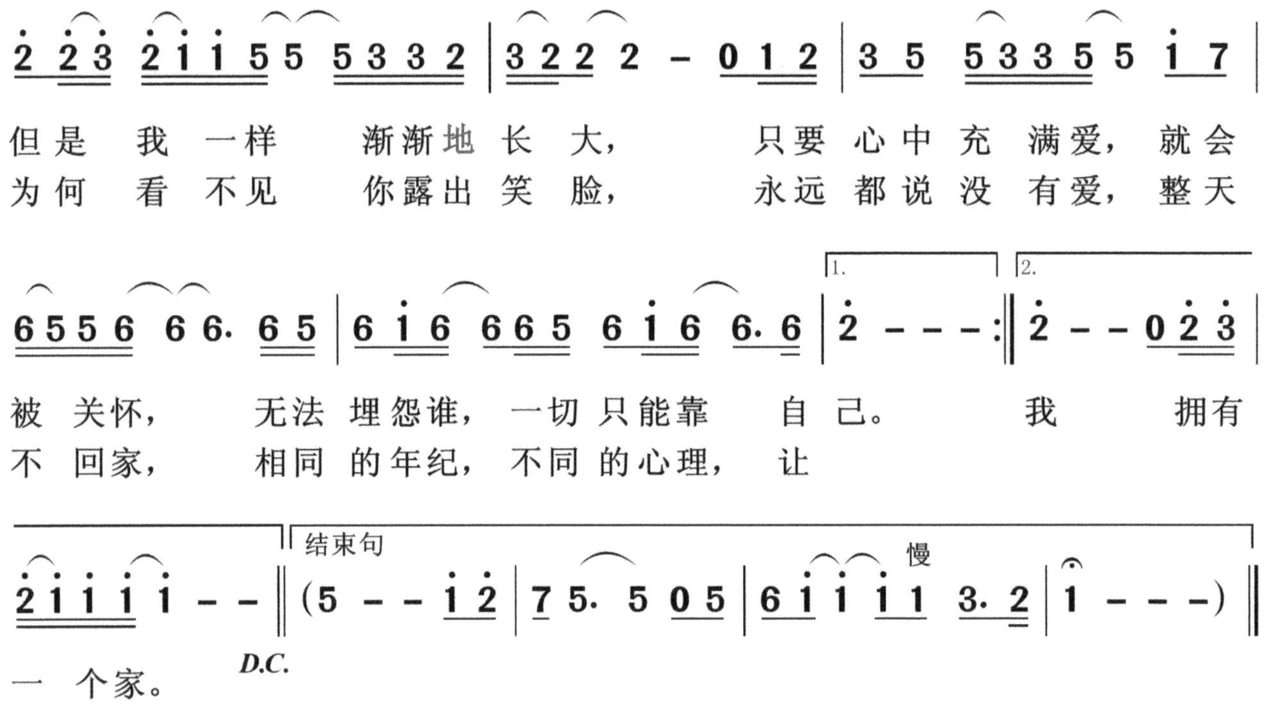

九九艳阳天

电影《柳堡的故事》插曲

1=C 2/4

胡石言　黄宗江　词
高　如　星　曲

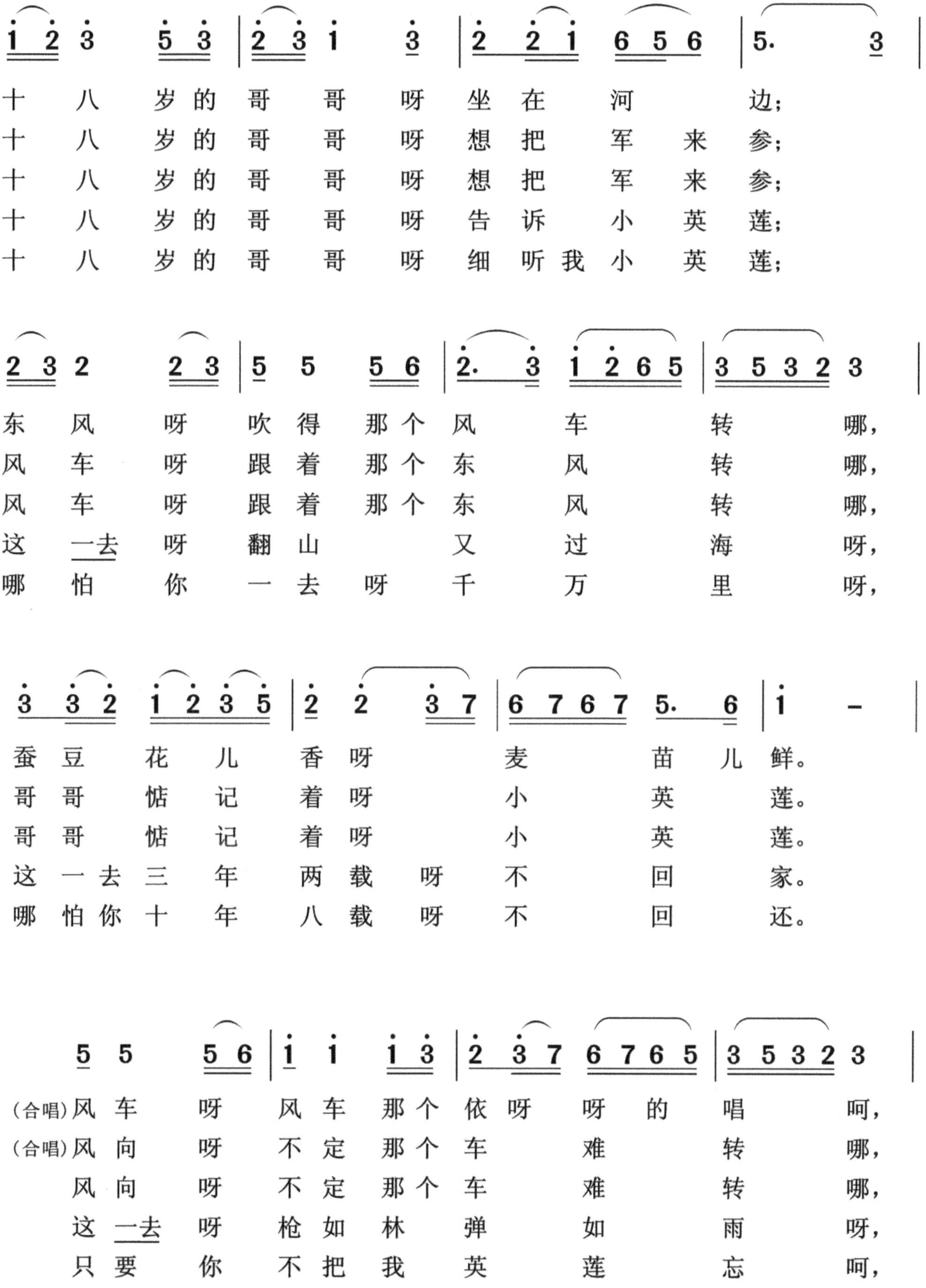

十八岁的哥哥呀坐在河边；
十八岁的哥哥呀想把军来参；
十八岁的哥哥呀想把军来参；
十八岁的哥哥呀告诉小英莲；
十八岁的哥哥呀细听我小英莲；
东风呀吹得那个风车转哪，
风车呀跟着那个东风转哪，
风车呀跟着那个东风转哪，
这一去呀翻山又过海呀，
哪怕你一去呀千万里呀，
蚕豆花儿香呀麦苗儿鲜。
哥哥惦记着呀小英莲。
哥哥惦记着呀小英莲。
这一去三年两载呀不回家。
哪怕你十年八载呀不回还。
(合唱)风车呀风车那个依呀呀的唱呵，
(合唱)风向呀不定那个车难转哪，
风向呀不定那个车难转哪，
这一去呀枪如林弹如雨呀，
只要你不把我英莲忘呵，

小 哥哥 为 什 么 呀 不 啊 开 言？
决 心 没 有 下 呀 怎 么 开 言！
决 心 没 有 下 呀 怎 么 开 言！
这 一 去 革 命 胜 利 再 相 见。
只 要 你 胸 佩 红 花 回 家 转。

酒干倘卖无

电影《搭错车》主题曲

1=♭B 4/4

侯德健 词曲

中速 稍快

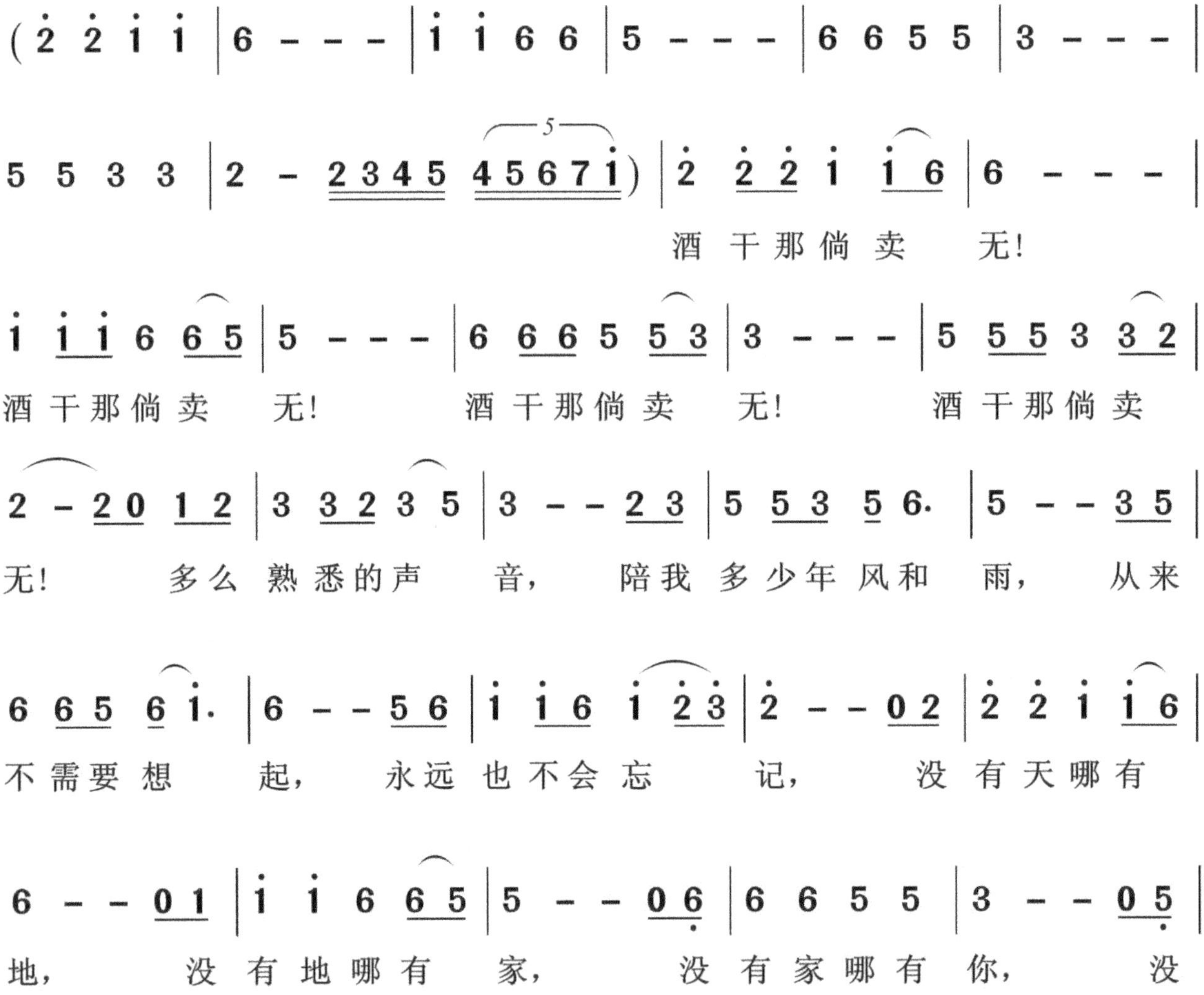

酒 干 那 倘 卖 无！
酒 干 那 倘 卖 无！ 酒 干 那 倘 卖 无！ 酒 干 那 倘 卖
无！ 多 么 熟 悉 的 声 音， 陪 我 多 少 年 风 和 雨， 从 来
不 需 要 想 起， 永 远 也 不 会 忘 记， 没 有 天 哪 有
地， 没 有 地 哪 有 家， 没 有 家 哪 有 你， 没

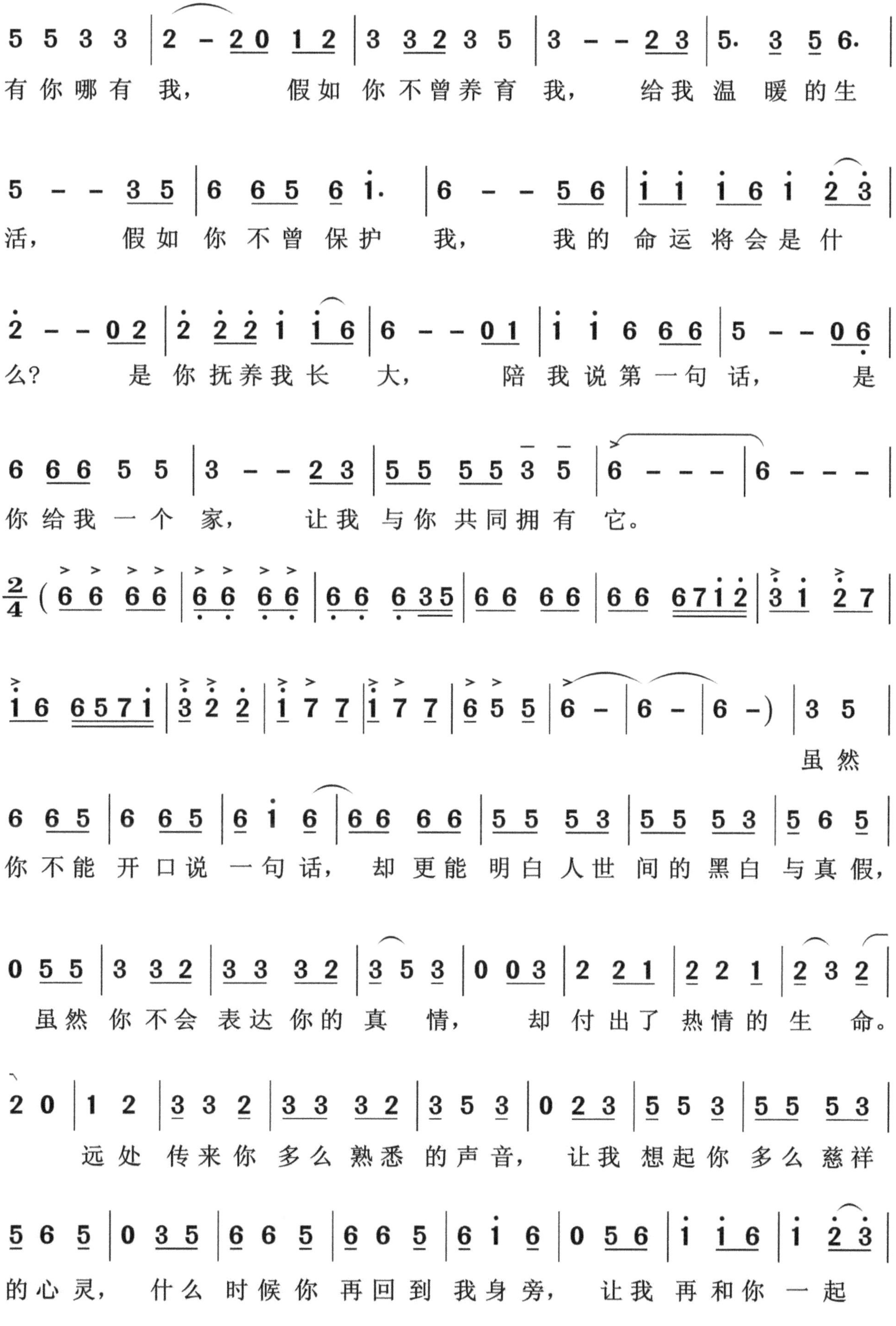

5 5 3 3 | 2 - 2 0 1 2 | 3 3 3 2 3 5 | 3 - - 2 3 | 5. 3 5 6. |
有 你 哪 有 我， 假 如 你 不 曾 养 育 我， 给 我 温 暖 的 生

5 - - 3 5 | 6 6 6 5 5 6 | 1. | 6 - - 5 6 | 1 1 1 6 1 2 3 |
活， 假 如 你 不 曾 保 护 我， 我 的 命 运 将 会 是 什

2 - - 0 2 | 2 2 2 1 1 6 | 6 - - 0 1 | 1 1 6 6 6 | 5 - - 0 6 |
么？ 是 你 抚 养 我 长 大， 陪 我 说 第 一 句 话， 是

6 6 6 5 5 | 3 - - 2 3 | 5 5 5 5 5 3 5 | 6 - - - | 6 - - - |
你 给 我 一 个 家， 让 我 与 你 共 同 拥 有 它。

2/4 (6 6 6 6 | 6 6 6 6 | 6 6 6 3 5 | 6 6 6 6 | 6 6 6 7 1 2 | 3 1 2 7 |

1 6 6 5 7 1 | 3 2 2 | 1 7 7 1 7 7 | 6 5 5 | 6 - | 6 - | 6 -) | 3 5
虽 然

6 6 5 | 6 6 5 | 6 1 6 | 6 6 6 6 | 5 5 5 3 | 5 5 5 3 | 5 6 5 |
你 不 能 开 口 说 一 句 话， 却 更 能 明 白 人 世 间 的 黑 白 与 真 假，

0 5 5 | 3 3 2 | 3 3 3 2 | 3 5 3 | 0 0 3 | 2 2 1 | 2 2 1 | 2 3 2 |
虽 然 你 不 会 表 达 你 的 真 情， 却 付 出 了 热 情 的 生 命。

2 0 | 1 2 | 3 3 2 | 3 3 3 2 | 3 5 3 | 0 2 3 | 5 5 3 | 5 5 5 3 |
远 处 传 来 你 多 么 熟 悉 的 声 音， 让 我 想 起 你 多 么 慈 祥

5 6 5 | 0 3 5 | 6 6 5 | 6 6 5 | 6 1 6 | 0 5 6 | 1 1 6 | 1 2 3 |
的 心 灵， 什 么 时 候 你 再 回 到 我 身 旁， 让 我 再 和 你 一 起

4/4 2 - - - | 2 - - - | 1 1 1 6 6 5 | 5 - - - | 6 6 6 5 5 3 |
唱！ 　　　　　酒 干 那 倘 卖　　无！ 　　酒 干 那 倘 卖

3 - - - | 5 5 5 3 3 2 | 2 - - - | 2 2 2 1 1 6 | 6 - - - |
无！ 　　酒 干 那 倘 卖　　无！ 　　酒 干 那 倘 卖　　无！

1 1 1 6 6 5 | 5 - - - | 6 6 6 5 5 3 | 3 - - - | 5 5 5 3 3 2 |
酒 干 那 倘 卖　　无！ 　　酒 干 那 倘 卖　　无！ 　　酒 干 那 倘 卖

2 - 2 0 1 2 | 3 3 2 3 5 | 3 - - 2 3 | 5 5 3 5 6 | 5 - - 3 5 |
无　　多 么 熟 悉 的 声　　音，　陪 我 多 少 年 风 和 雨，　从 来

6 6 5 6 1 | 6 - - 5 6 | 1 1 6 1 2 3 | 2 - - 0 1 | 2 2 1 1 6 |
不 需 要 想　　起，　永 远 也 不 会 忘　　记，　没 有 天 哪 有

6 - - 0 1 | 1 1 6 6 5 | 5 - - 0 6 | 6 6 5 5 | 3 - - 0 5 |
地，　没 有 地 哪 有　　家，　没 有 家 哪 有 你，　没

5 5 3 3 | 2 - 2 0 1 2 | 3 3 2 3 5 | 3 - - 2 3 | 5 5 3 5 6 |
有 你 哪 有 我？　多 么 熟 悉 的 声　　音，　陪 我 多 少 年 风 和

5 - - 3 5 | 6 6 5 6 1 | 6 - - 5 6 | 1 1 6 1 2 3 | 2 - - - |
雨，　从 来 不 需 要 想　　起，　永 远 也 不 会 忘　　记。

2 2 2 1 1 6 | 6 - - - | 1 1 1 6 6 5 | 5 - - - | 6 6 6 5 5 3 |
酒 干 那 倘 卖　　无！ 　酒 干 那 倘 卖　　无！ 　　酒 干 那 倘 卖

3 - - - | 5 5 5 3 3 2 | 2 - - - | 2 2 2 1 1 6 | 6 - - - |
无！ 　　酒 干 那 倘 卖　　无！ 　酒 干 那 倘 卖　　无！

酒 干 那 倘 卖 　 无！　　　酒 干 那 倘 卖 　 无！　　　酒 干 那 倘 卖

无！　　　酒 干 那 倘 卖 　 无！　　　酒 干 那 倘 卖 　 无！

酒 干 那 倘 卖 　 无！　　　酒 干 那 倘 卖 　 无！

我 爱 你，中 国

电影《海外赤子》插曲

瞿　琮　词
郑秋枫　曲

1＝F　4/4

稍慢　自由地　歌颂、赞美地

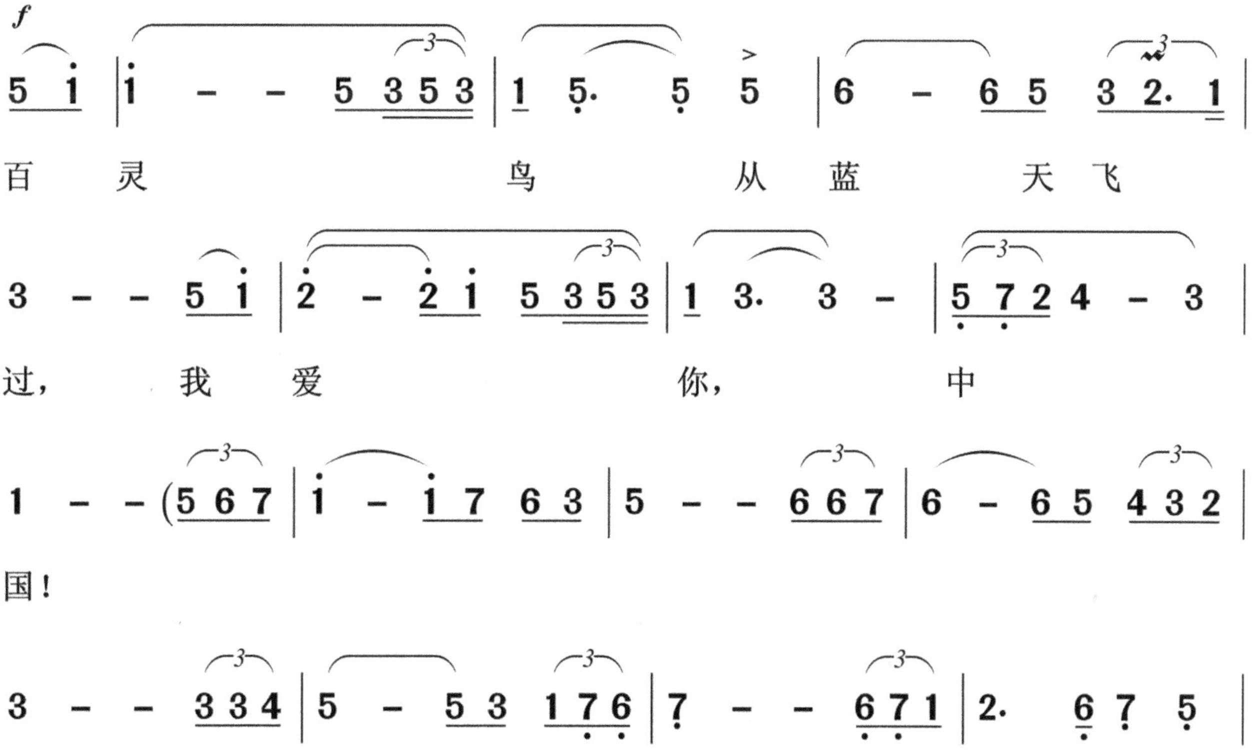

百　　灵　　　　　　鸟　　从 蓝　　天 飞

过，　　我　爱　　　　　你，　　　　　中

国！

中速

1.2.我爱你中国，我爱你中国，我爱你

春天蓬勃的秧苗，我爱你秋日金黄的硕果。
碧波滚滚的南海，我爱你白雪飘飘的北国。

我爱你青松气质，我爱你红梅品格。
我爱你森林无边，我爱你群山巍峨。

我爱你家乡的甜蔗，好像乳汁滋润着我的心窝。
峨。我爱你淙淙的小河，荡着清波从我的梦中流过。

我爱你中国，我爱你中国，我要把

美好的歌儿献给你，我的母亲，我的祖国。
美好的青春献给你，我的母亲，我的祖

1.
亲，我的祖国。

2.
2.我国。啊，

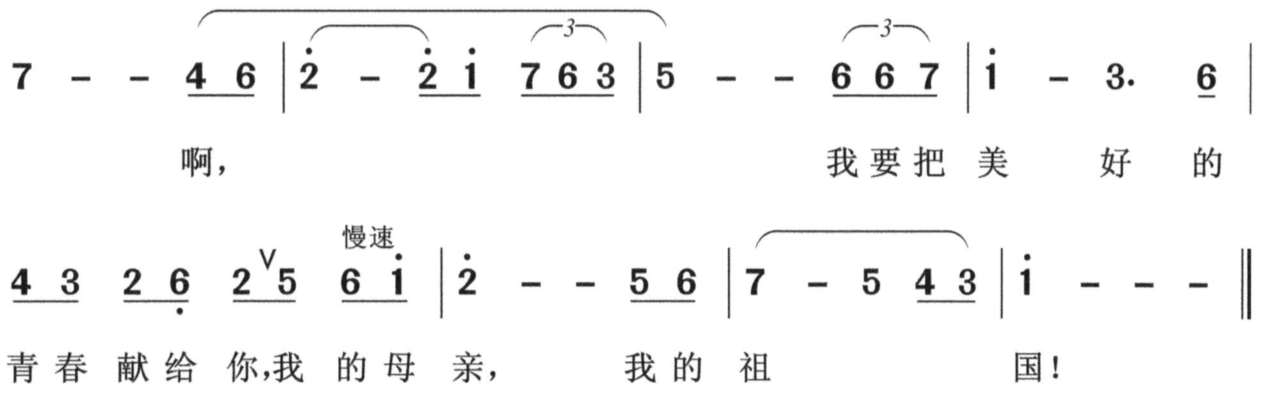

大海啊，故乡

电影《大海在呼唤》主题曲

王立平　词曲

1=F 3/4

稍慢　深情地

3 4 3. 2 1 | 6 2 2 — | 4 5 4 3 1 6 | 1 — — |
海 风 吹， 海 浪 涌， 随 我 漂 流 四 方。

5 6 5. 3 | 5 6 5 — | 6 5 4 1 6 5 | 5 — — |
大 海 啊 大 海， 就 像 妈 妈 一 样，

3 4 3. 2 1 | 6 2 2 — | 4 5 4 3 1 6 | 1 — — :‖
走 遍 天 涯 海 角， 总 在 我 的 身 旁。

结束句

3 3. 1 | 5 6 5 — | 1 1. 6 | 3 2 3 2 — |
大 海 啊 故 乡， 大 海 啊 故 乡，

7 7 6 7 6 5 | 6 — — | 5 — 5 |
我 的 故 乡， 我 的

4 — 6 5 | 5 — — | 5 — — | 5 0 0 ‖
故 乡。

冰山上的雪莲

电影《冰山上的来客》插曲

雷振邦 词曲

1=♭E 6/8 9/8

♩=120

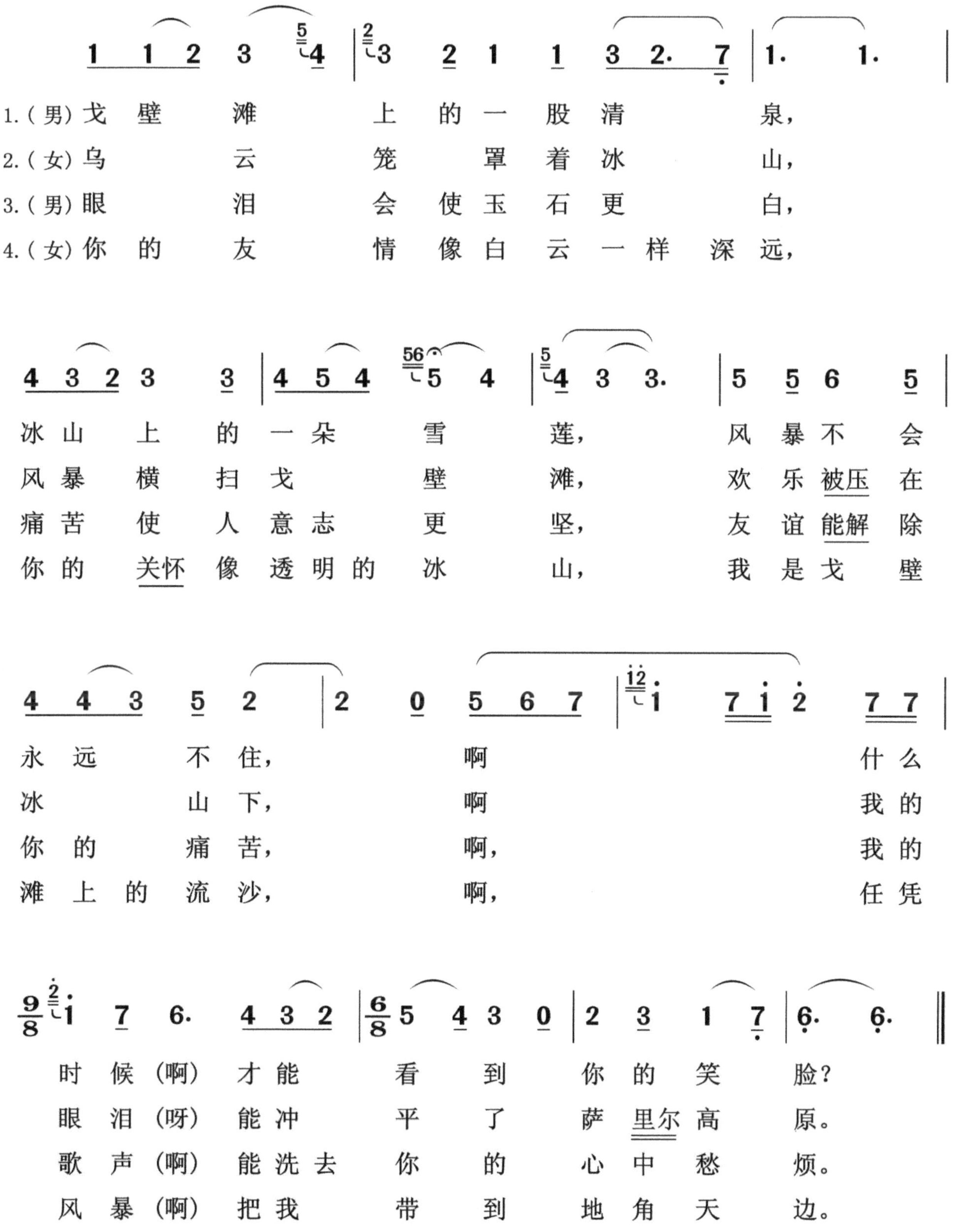

阿里山的姑娘

电影《阿里山风云》主题曲

张 彻 词
邓禹平 曲

1=E 4/4

中速

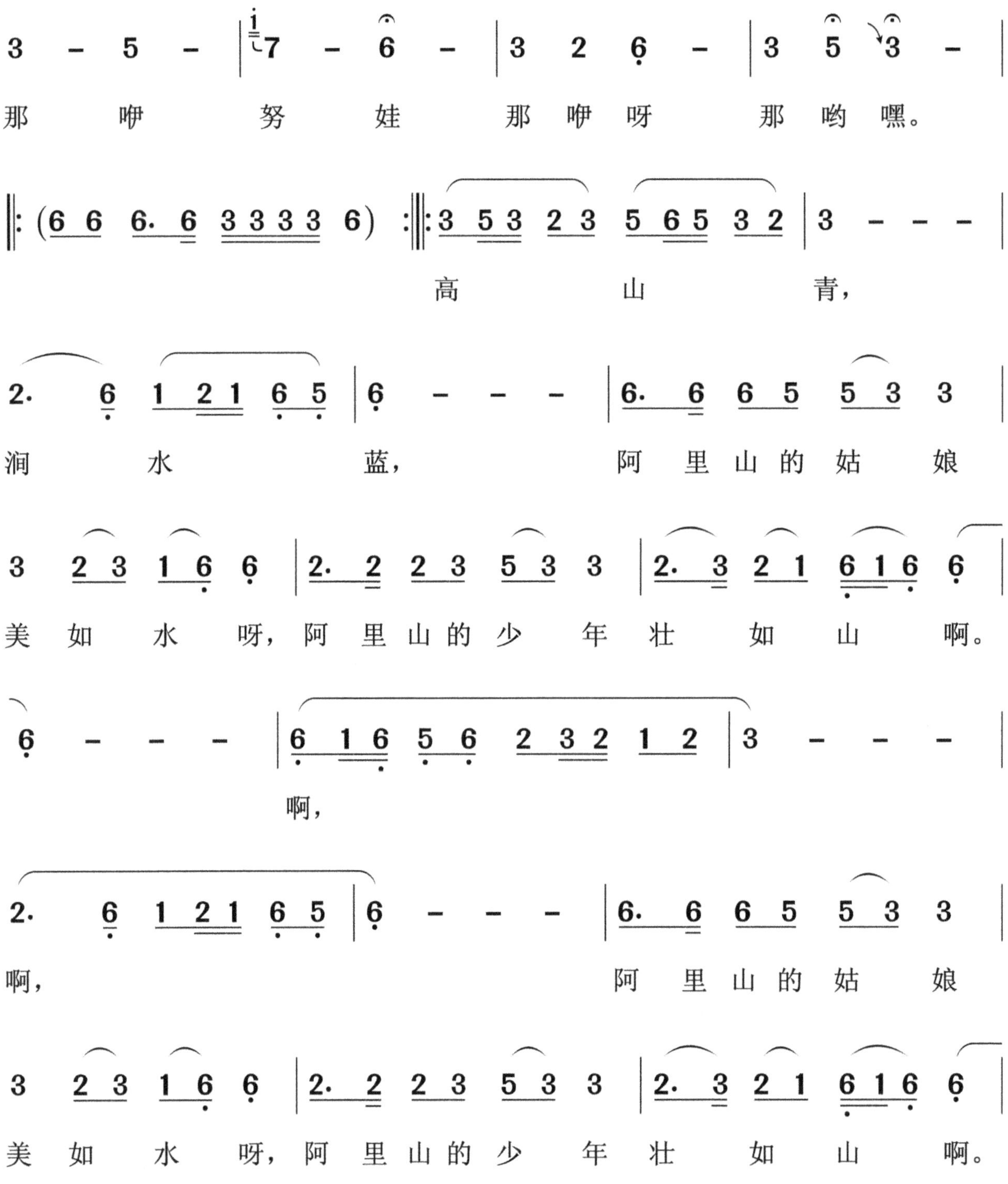

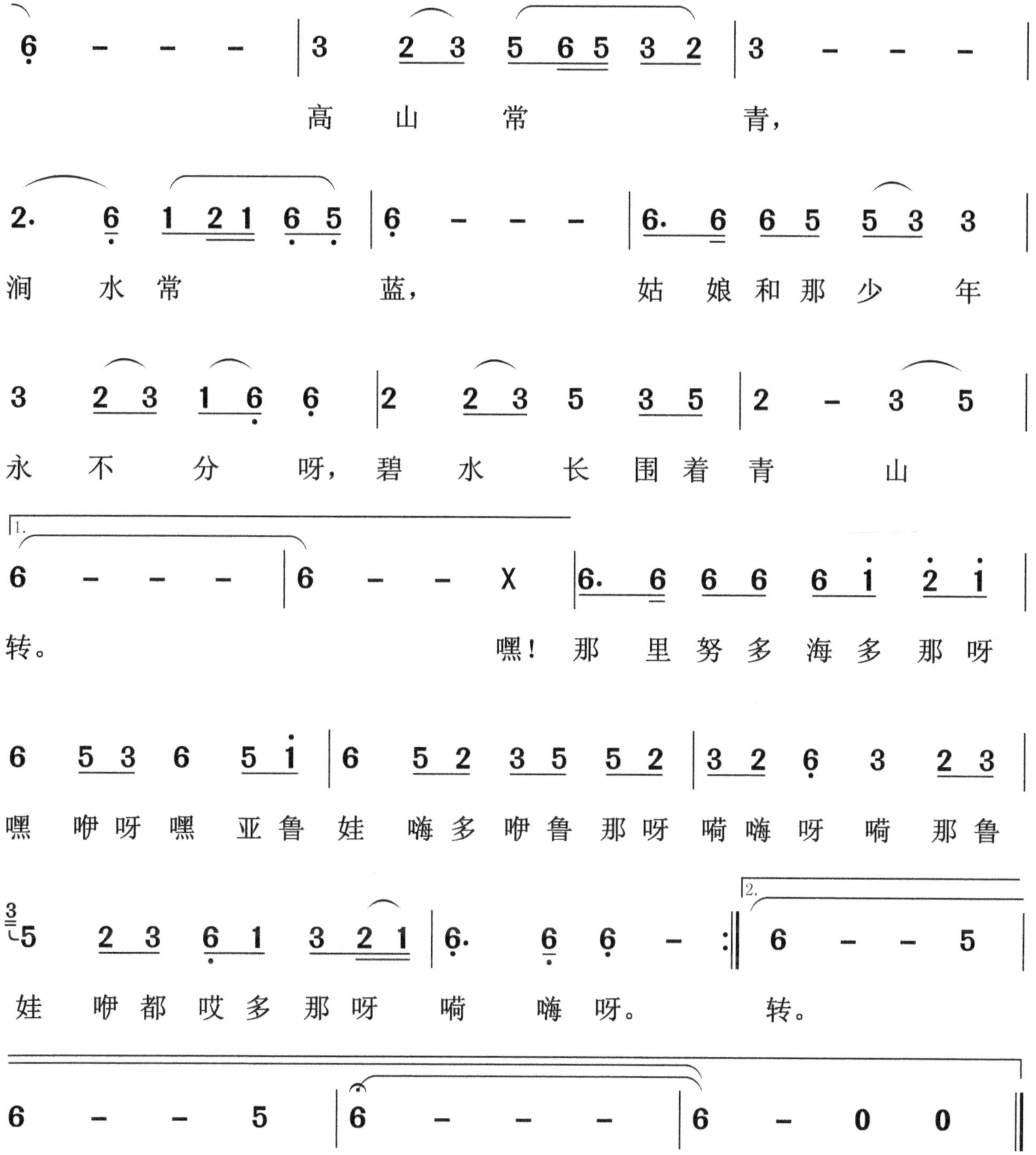

高 山 常 青，
涧 水 常 蓝，
姑 娘 和 那 少 年
永 不 分 呀，碧 水 长 围 着 青 山
转。
嘿！那 里 努 多 海 多 那 呀
嘿 咿 呀 嘿 亚 鲁 娃 嗨 多 咿 鲁 那 呀 嗬 嗨 呀 嗬 那 鲁
娃 咿 都 哎 多 那 呀 嗬 嗨 呀。 转。

万里长城永不倒

电视剧《霍元甲》主题曲

卢国沾 词
黎小田 曲

$1={}^{\flat}E$ $\frac{4}{4}$

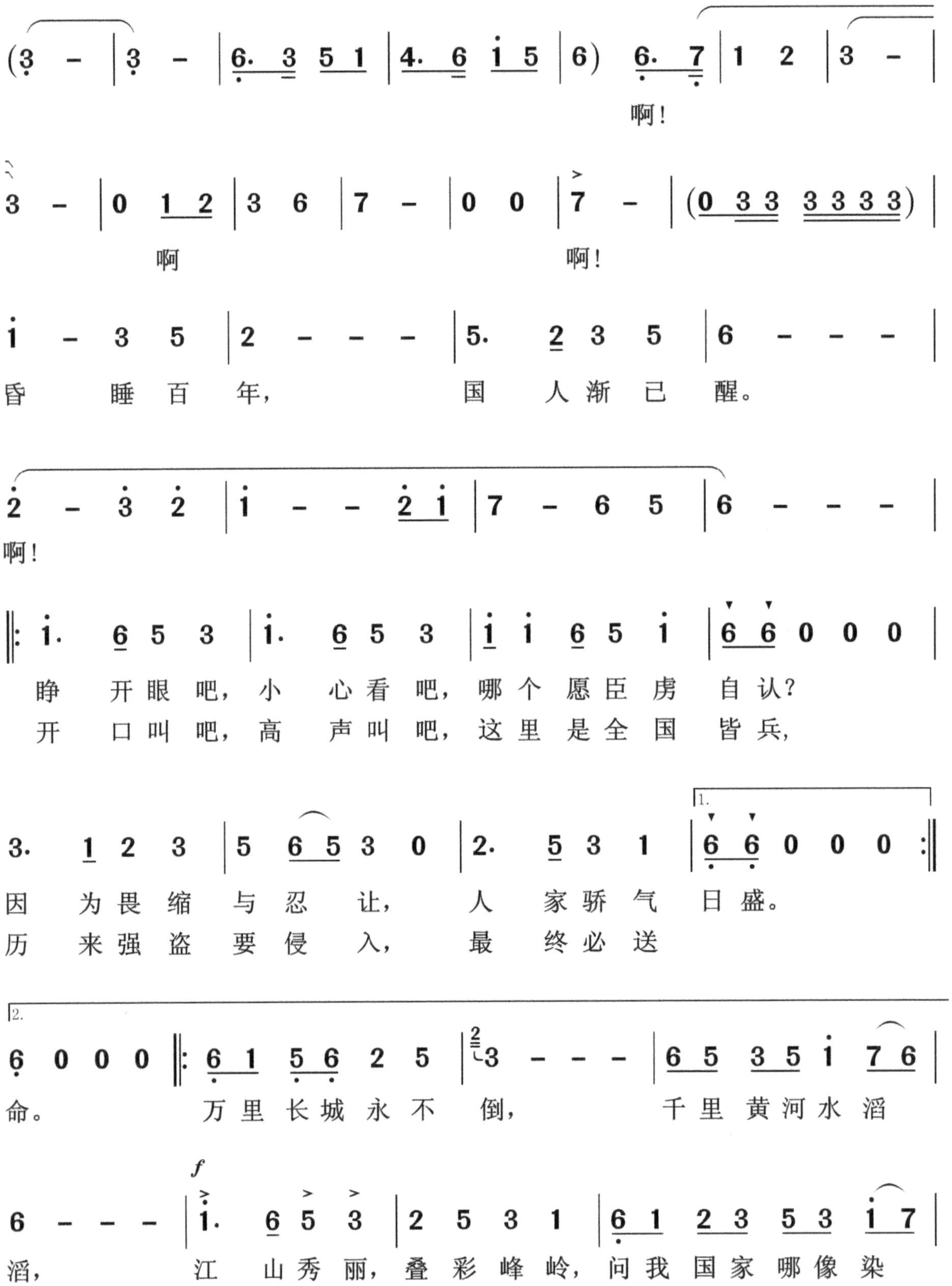

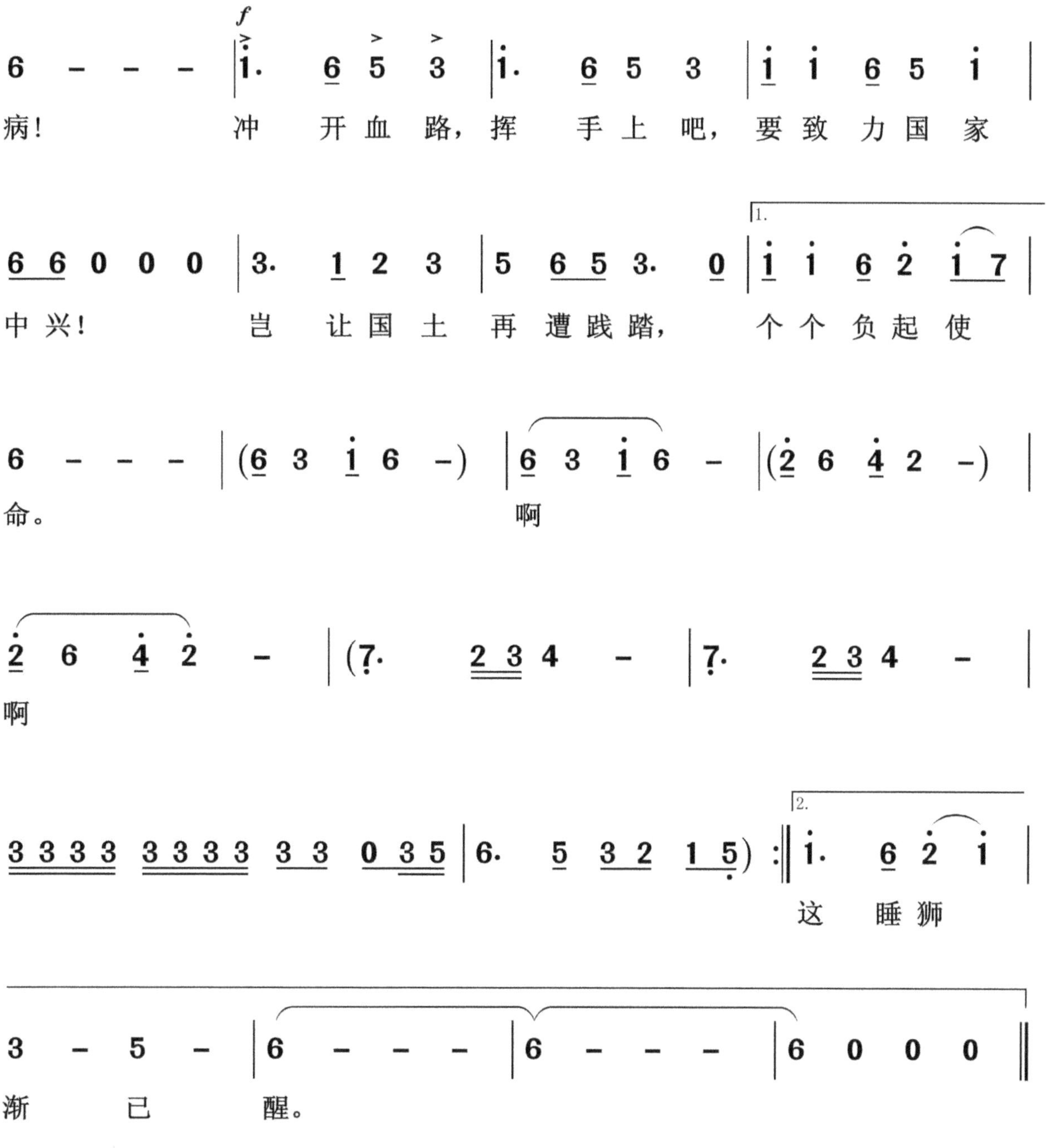

6 - - - | i. 6 5 3 | i. 6 5 3 | i i 6 5 i |
病！　　　冲　开　血　路，挥　手　上　吧，要　致　力　国　家

6 6 0 0 0 | 3. 1 2 3 | 5 6 5 3. 0 | i i 6 2 i 7 |
中兴！　　　　岂　让　国　土　再　遭　践　踏，　个　个　负　起　使

6 - - - | (6 3 i 6 -) | 6 3 i 6 - | (2 6 4 2 -) |
命。　　　　　　　　　　　　　　　啊

2 6 4 2 - | (7. 2 3 4 - | 7. 2 3 4 - |
啊

3 3 3 3 3 3 3 3 3 3 0 3 5 | 6. 5 3 2 1 5) : | i. 6 2 i |
　　　　　　　　　　　　　　　　　　　　这　睡狮

3 - 5 - | 6 - - - | 6 - - - | 6 0 0 0 ‖
渐　　已　　醒。

万水千山总是情

电视剧《万水千山总是情》主题曲

邓伟雄　词
顾嘉辉　曲

1=D　4/4

莫说

青山多障碍，　风也急风也劲，　白云过山

峰也可传情；　莫说水中多变幻，　水

也清,水也静，　柔情似水爱共永。

未怕罢风吹散了热爱，万

水千山总是情。　聚散也有天注

定，　不怨天不怨命，　但求有山水共作

证，　但求有山水共作证。

野百合也有春天

电影《野雀高飞》主题曲

1=♭B 或 G 4/4

罗大佑 词曲

滚滚长江东逝水

电视剧《三国演义》片头曲

1=♭D 4/4

［明］杨 慎 词

谷建芬 曲

♩=52 或 58

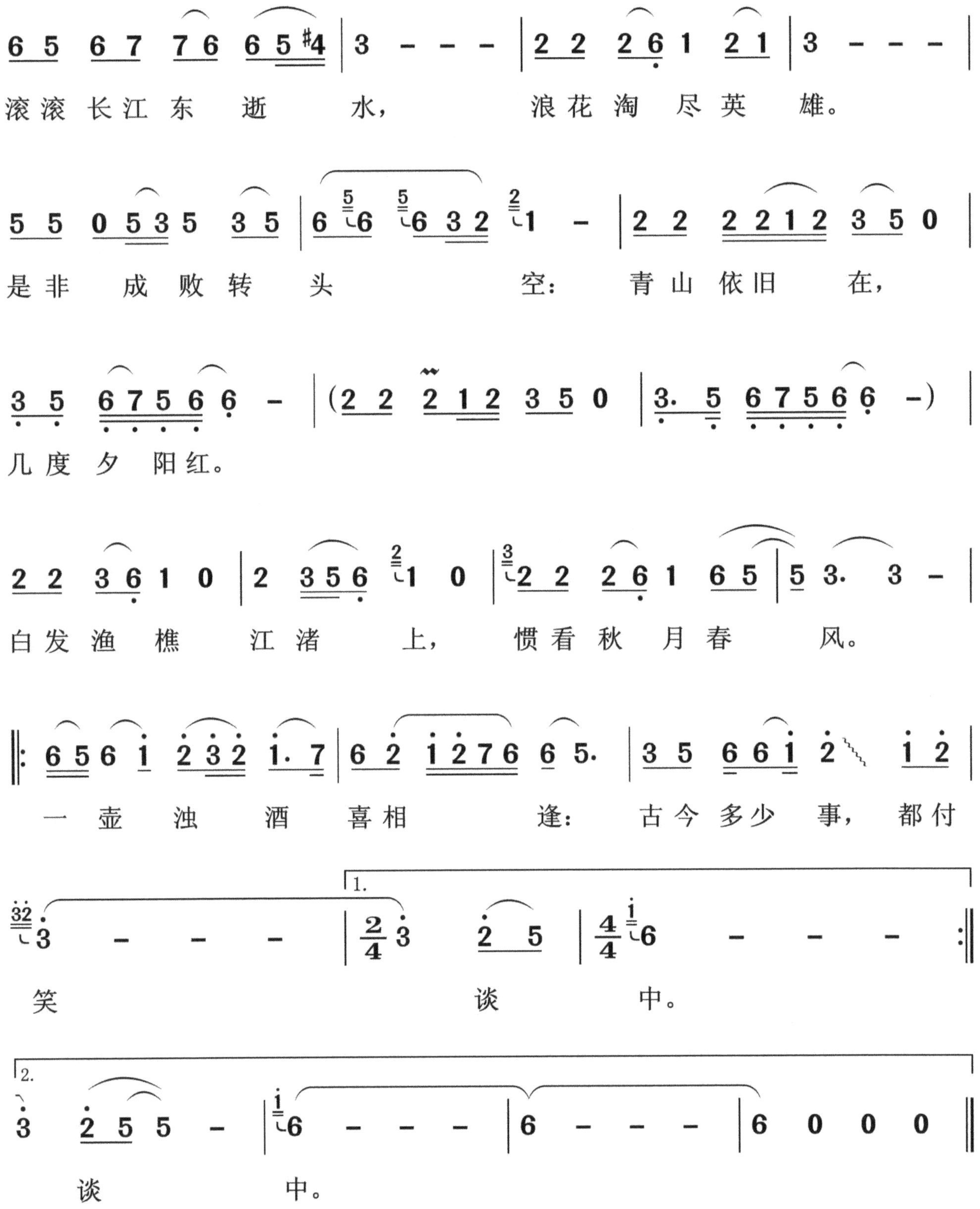

翻身农奴把歌唱

纪录片《今日西藏》主题曲

1=F 2/4

李 堃 词
阎 飞 曲

深情地

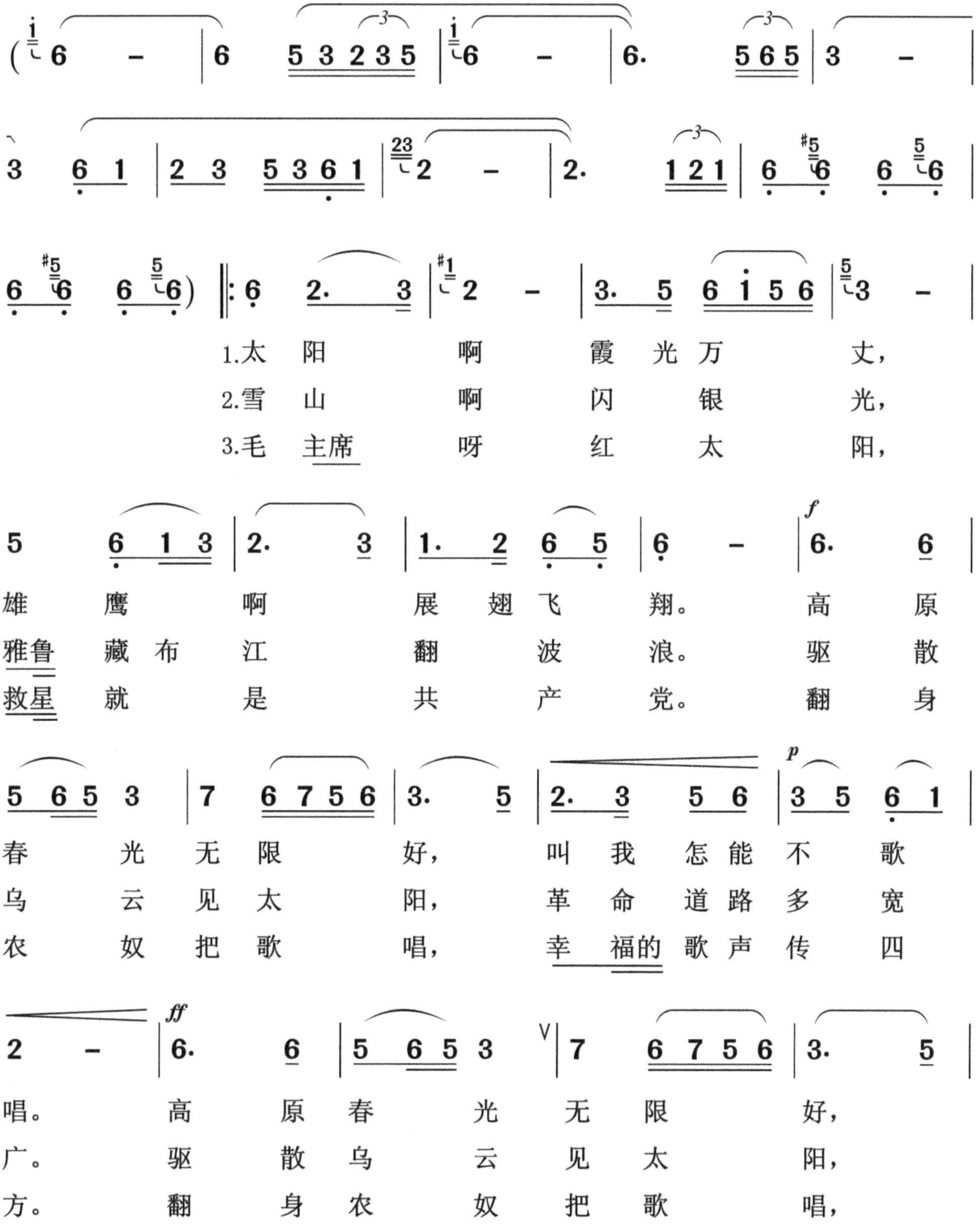

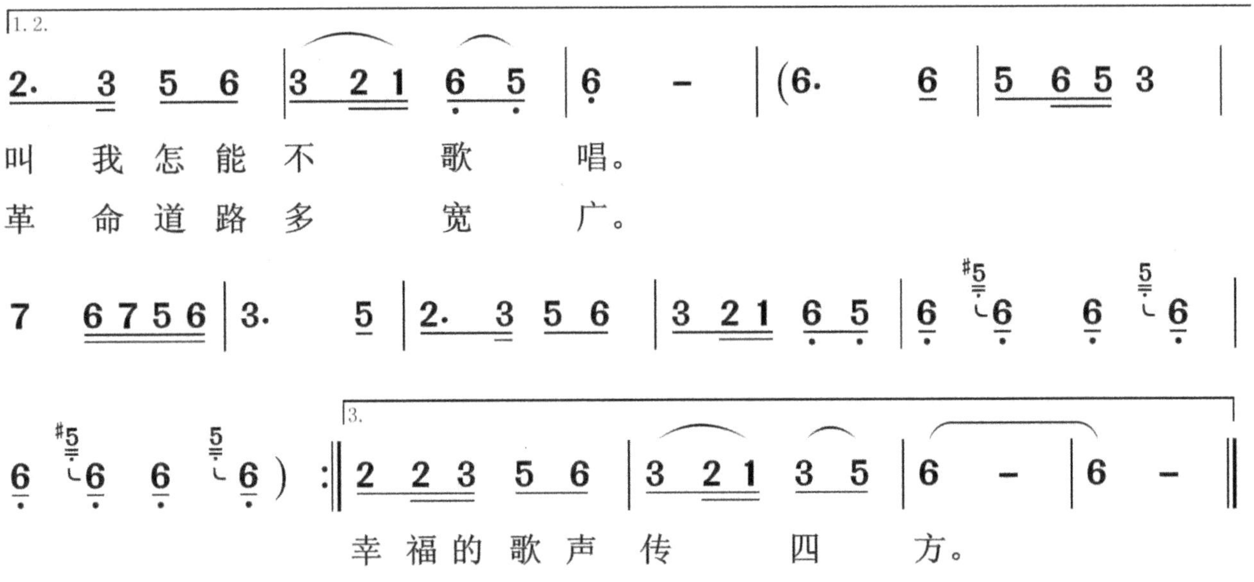

花儿为什么这样红

电影《冰山上的来客》插曲

哈 吉 克 族 民歌
雷 振 邦 改词

1=C 2/4

深情地

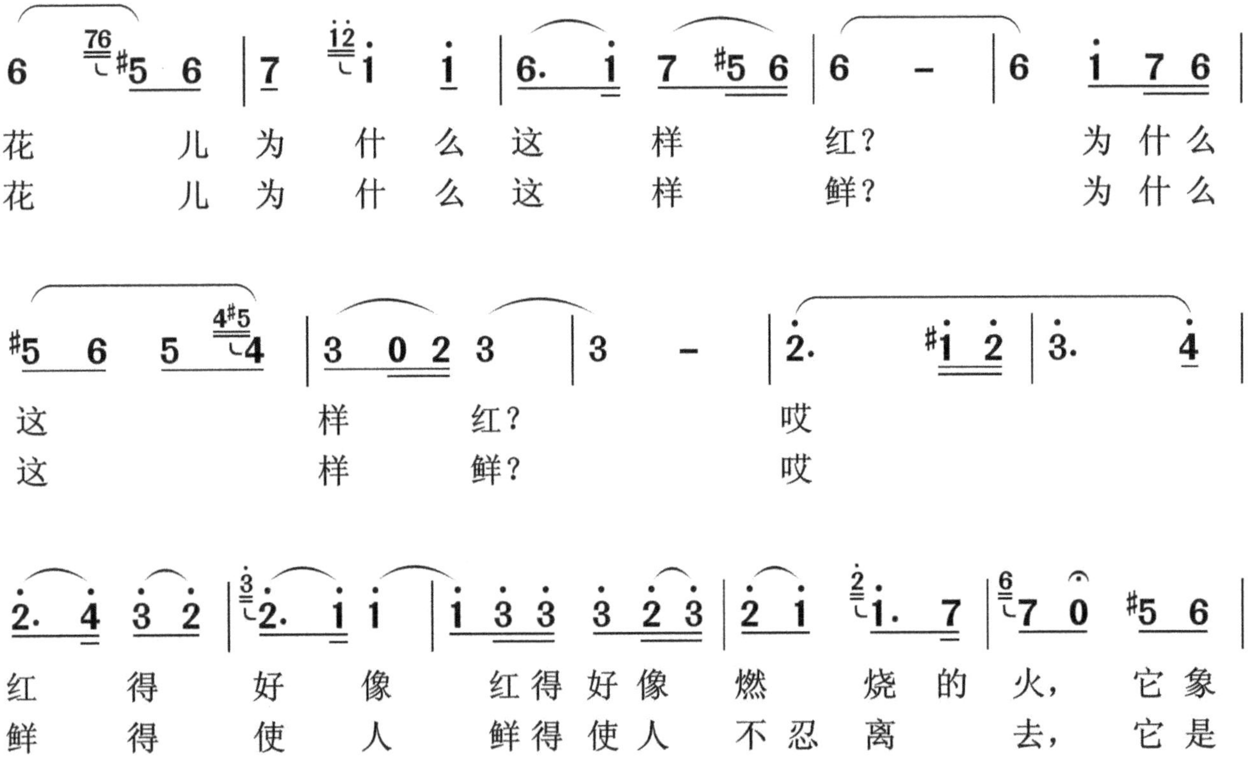

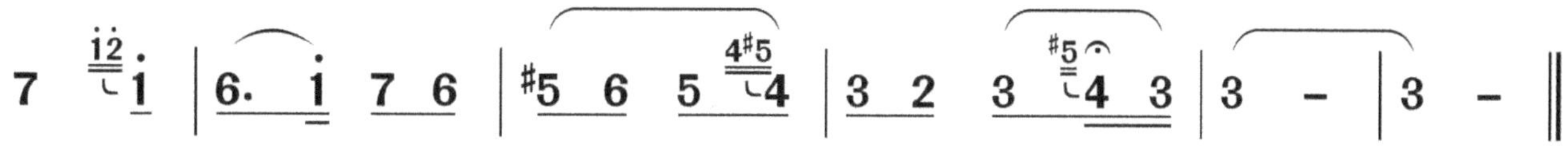

征 着 纯 洁 的 友 谊 和 爱 情。
用 了 青 春 的 血 液 来 浇 灌。

一道道水来一道道山

歌剧《刘胡兰》选段

1=G 2/4 6/8 3/8

海 啸 词
陈 紫 曲

慢 柔和

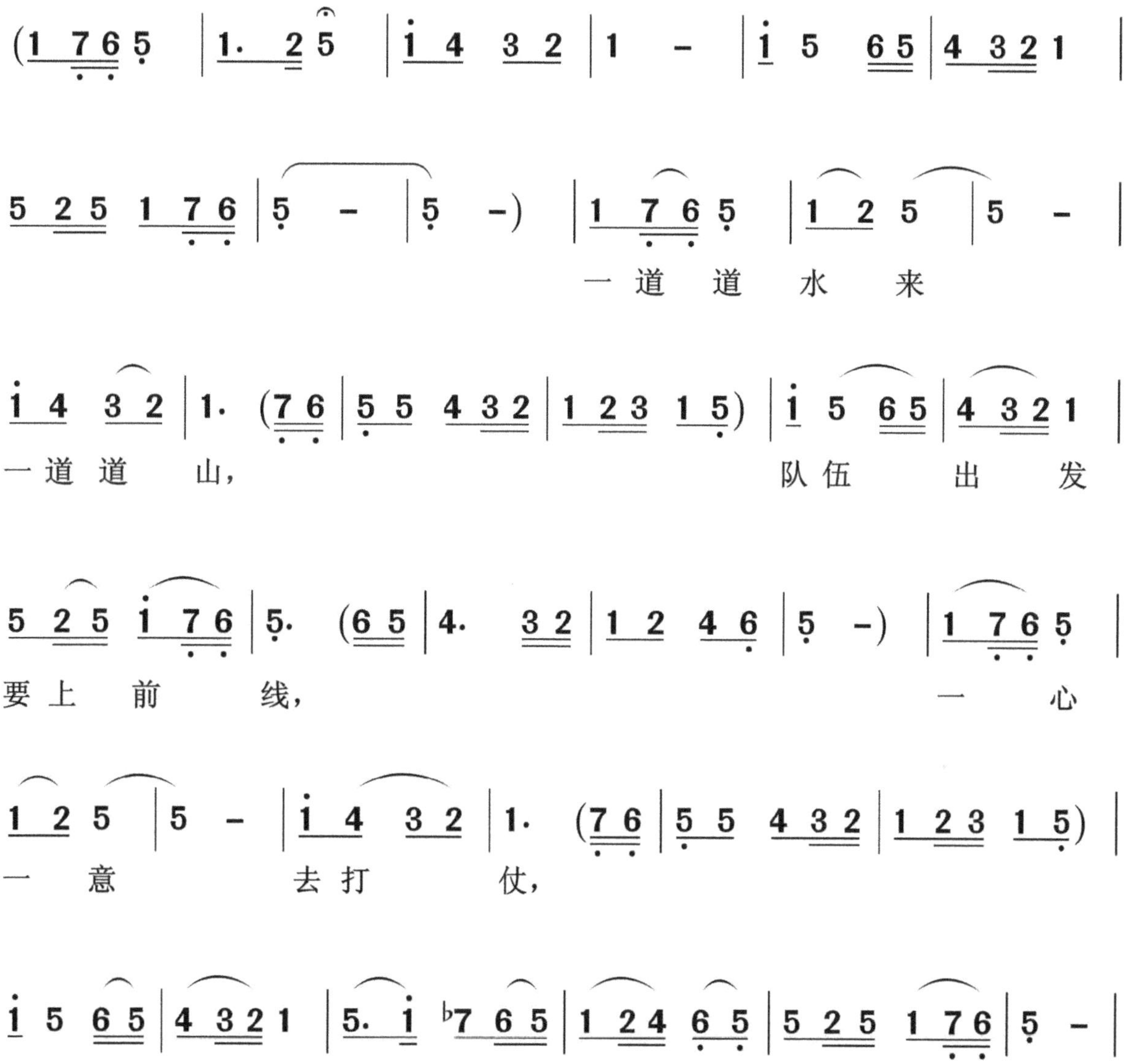

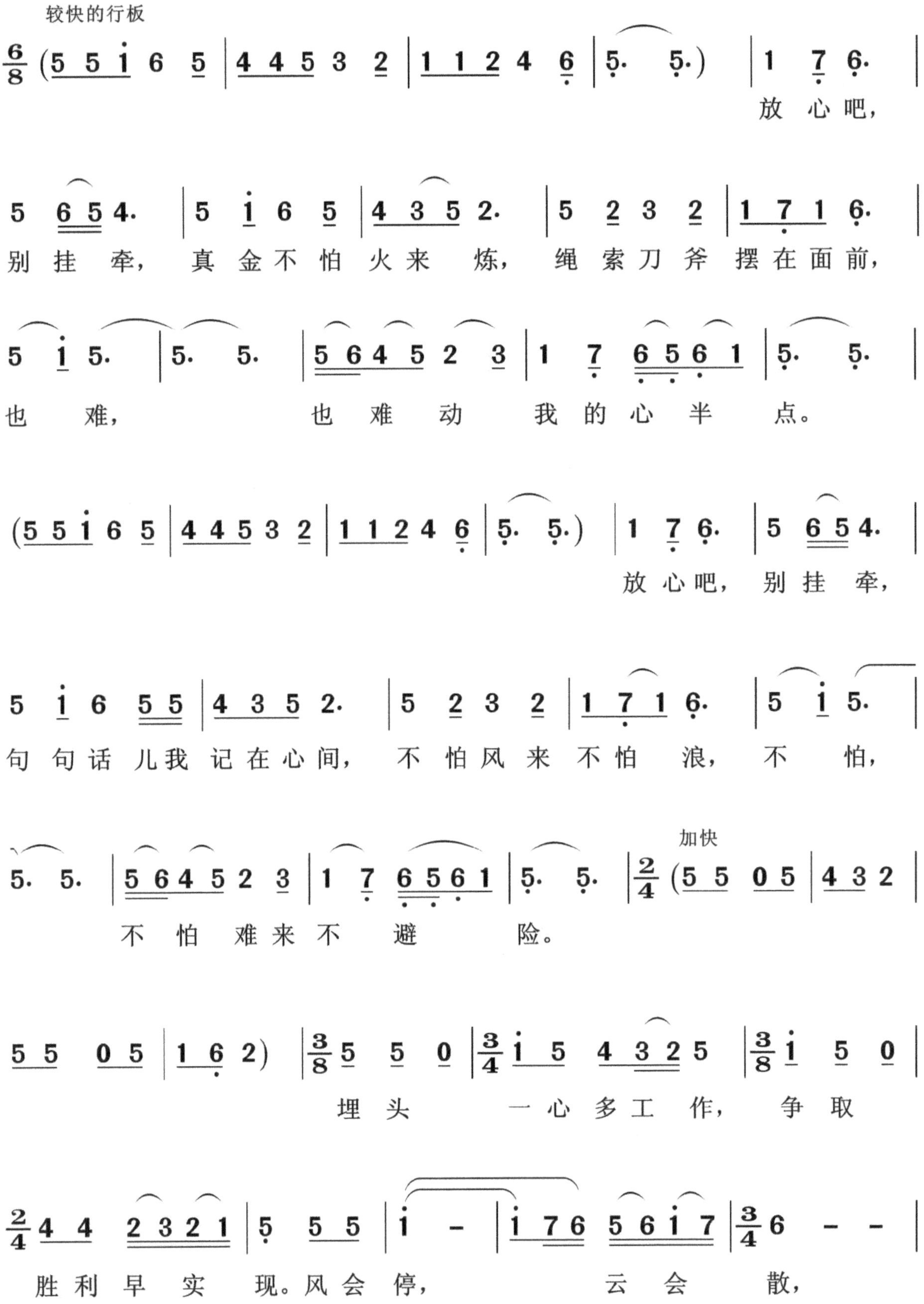

较快的行板

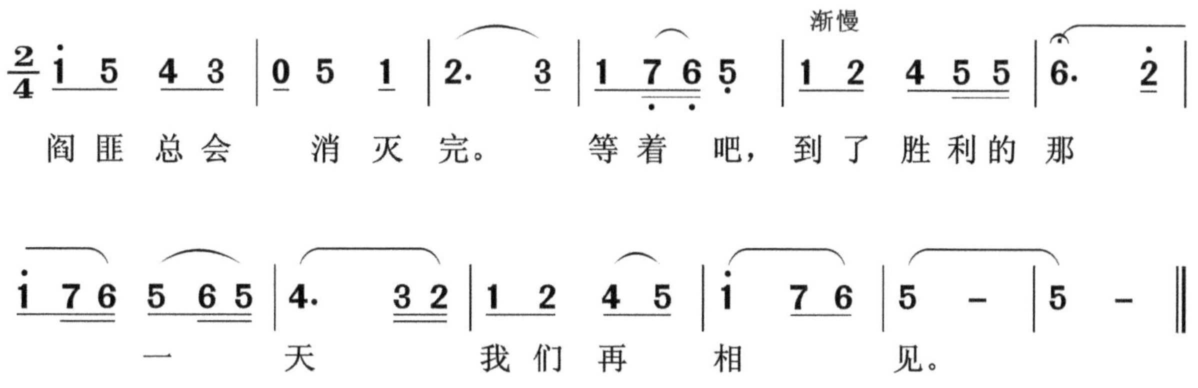
渐慢
阎匪总会消灭完。等着吧，到了胜利的那
一天我们再相见。

弹起我心爱的土琵琶

电影《铁道游击队》插曲

1=G $\frac{4}{4}$

芦芒 何彬 词
吕其明 曲

民歌风

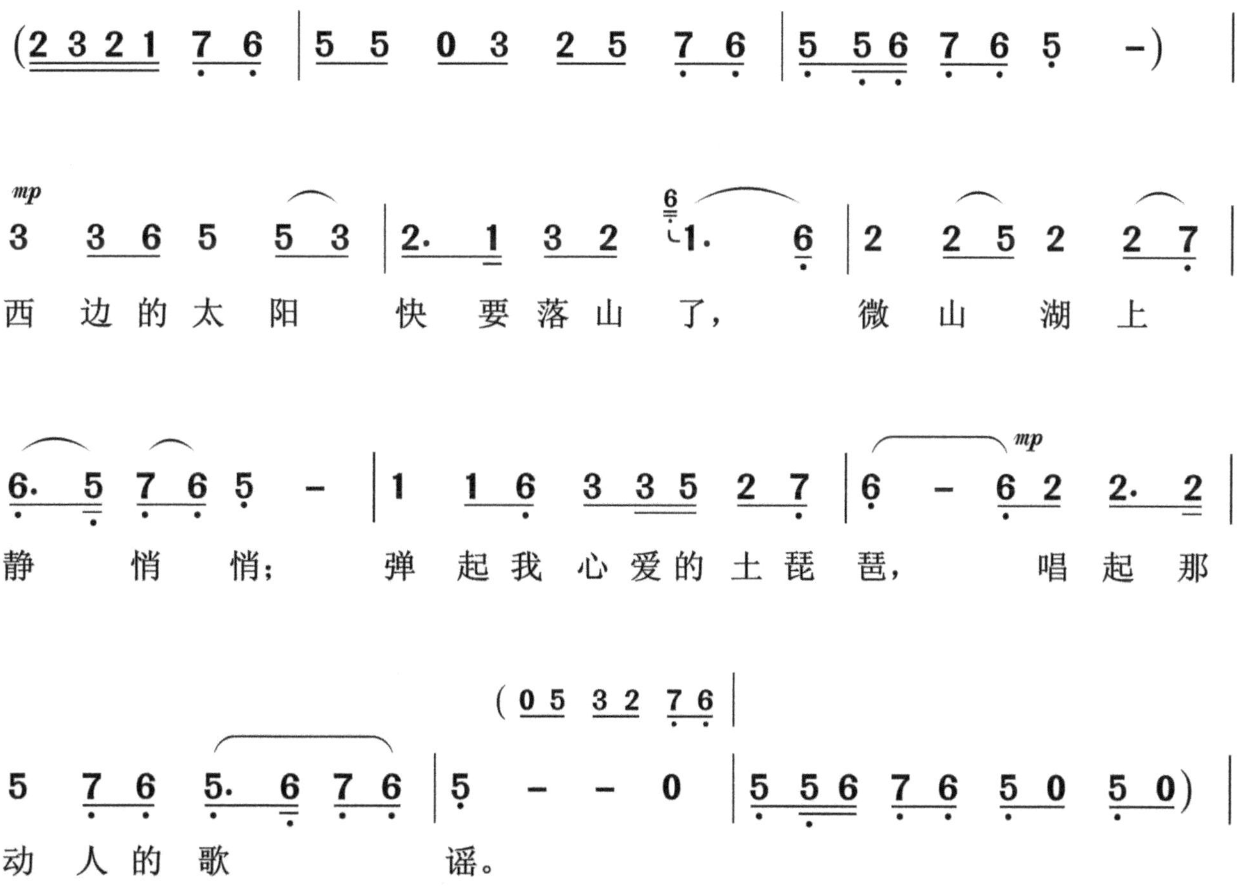
mp
西边的太阳快要落山了，微山湖上
静悄悄；弹起我心爱的土琵琶，唱起那
动人的歌谣。

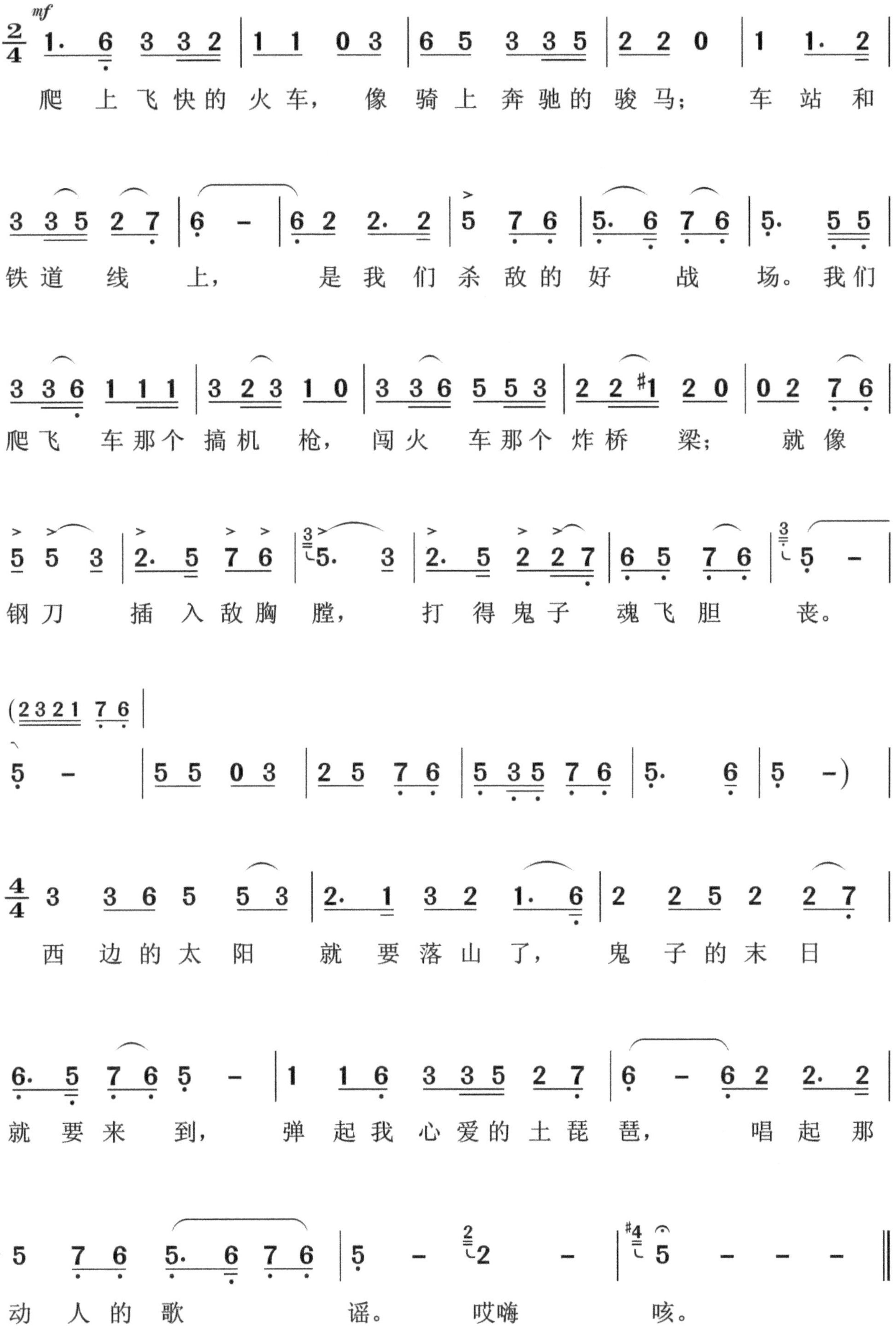

爬上飞快的火车，像骑上奔驰的骏马；车站和
铁道线上，是我们杀敌的好战场。我们
爬飞车那个搞机枪，闯火车那个炸桥梁；就像
钢刀插入敌胸膛，打得鬼子魂飞胆丧。
西边的太阳就要落山了，鬼子的末日
就要来到，弹起我心爱的土琵琶，唱起那
动人的歌谣。哎嗨咳。

小 白 杨

1=F 2/4

♩=96　温暖、自豪地

梁上泉　词
士　心　曲

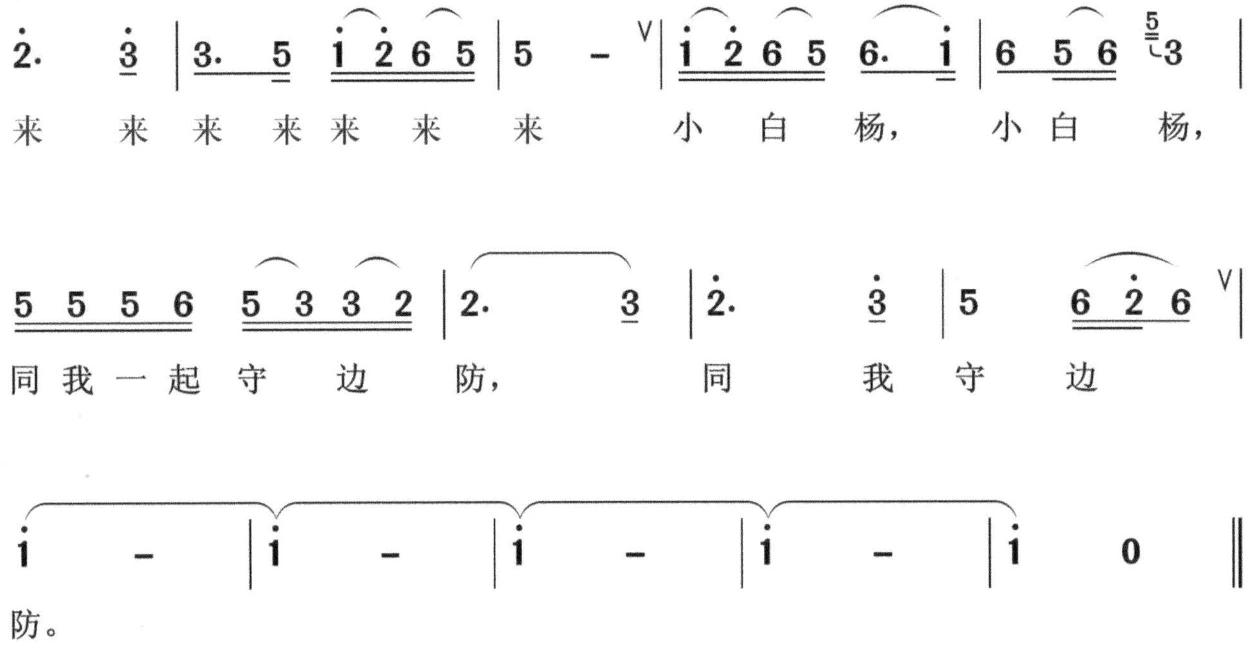

2. 3 | 3. 5 1 2 6 5 | 5 - | 1 2 6 5 6. 1 | 6 5 6 3 |
来 来 来 来 来 来 来 小 白 杨， 小 白 杨，

5 5 5 6 5 3 3 2 | 2. 3 | 2. 3 5 6 2 6 |
同 我 一 起 守 边 防， 同 我 守 边

1 - | 1 - | 1 - | 1 - | 1 0 ‖
防。

绣 金 匾

1=♭B 2/4

陕北民歌

2 1 6 2 5 3 | 2 3 2 1 6 | 2 3 5 2 1 6 | 6 5 4 2 5 |
1. 正 月 里 闹 元 宵， 金 匾 绣 开 了；
2. 二 月 里 刮 春 风， 金 匾 绣 的 红；
3. 一 绣 毛 主 席， 人 民 的 好 福 气；
4. 二 绣 总 司 令， 革 命 的 老 英 雄；
5. 三 绣 八 路 军， 坚 决 打 敌 人；

6 2 5 6 2. 1 | 6 1 6 5 4. 5 | 6 6 1 6 5 4 3 | 2. 5 2 ‖
金 匾 绣 咱 毛 主 席， 领 导 主 意 高。
金 匾 上 绣 的 是， 救 星 毛 泽 东。
你 一 心 为 我 们， 我 们 拥 护 你。
为 人 民 谋 生 存， 能 过 好 光 景。
消 灭 了 日 本 鬼， 全 国 享 安 宁。

新疆好

1=F 2/4

稍慢 愉快、亲切、优美地

新疆民歌
马寒冰词
刘炽编曲

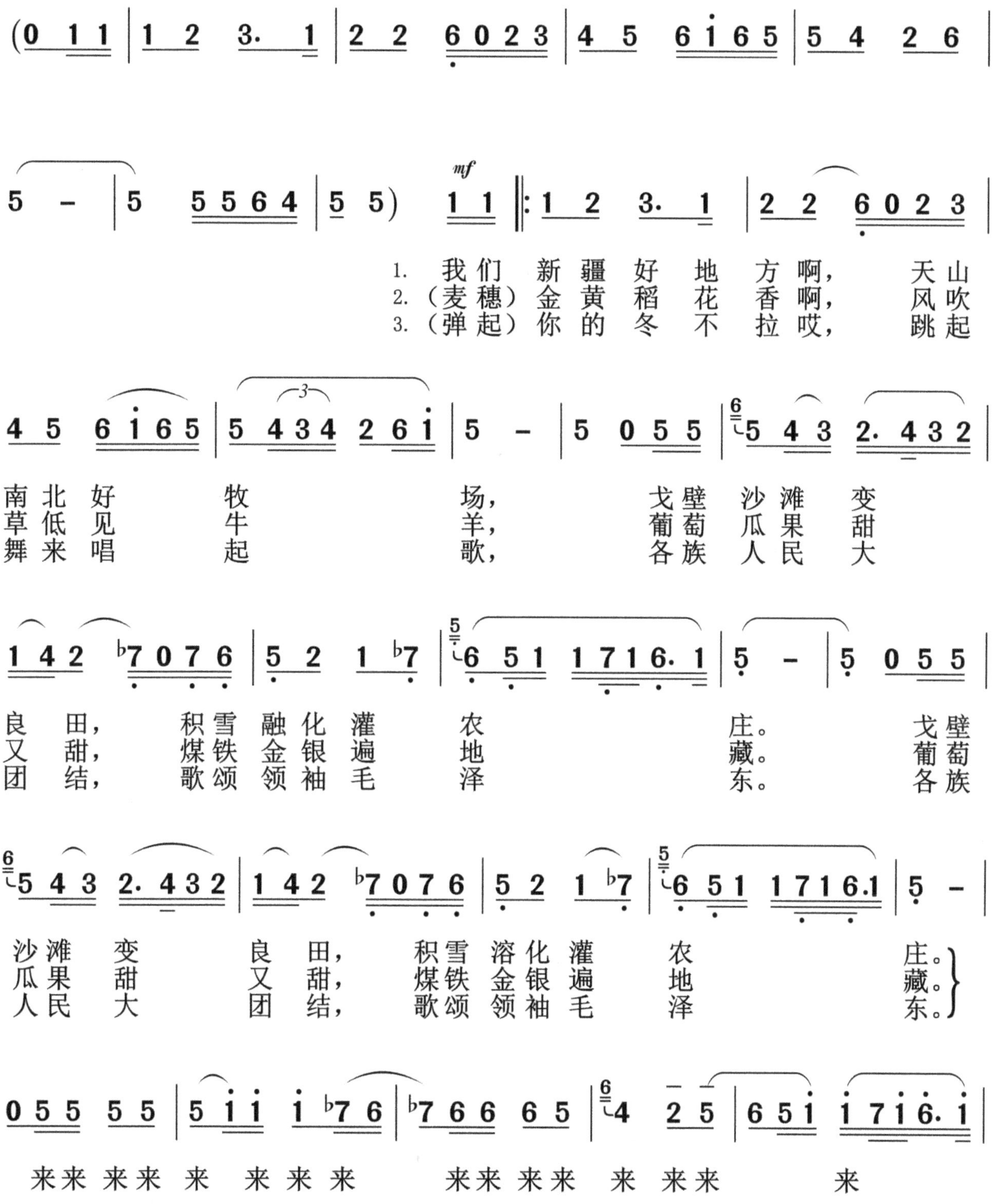

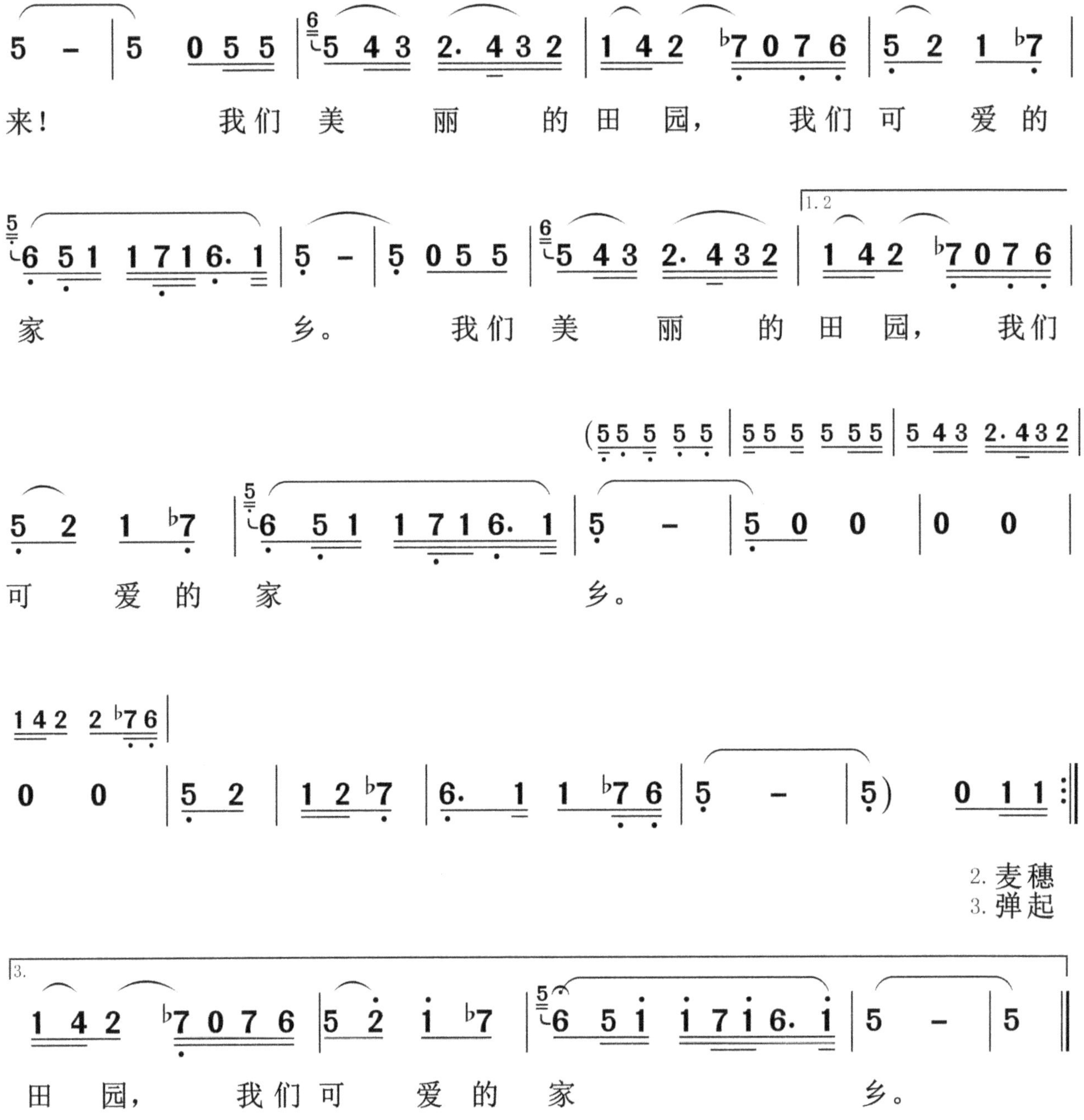

来！ 我们美丽的田园，我们可爱的
家 乡。 我们美丽的田园，我们
可爱的家 乡。
2.麦穗
3.弹起
田园，我们可爱的家 乡。

再　回　首

1=C　4/4

陈乐融　词
卢冠廷　曲

经典独唱歌曲

庄 奴 词
印度尼西亚民歌

1=bE 2/4

甜蜜蜜 你
笑得甜蜜 蜜，好像花儿 开 在春风里,开 在 春风
里。 在哪 里,在哪里见过 你， 你的笑容
这样熟 悉,我一时想不 起， 啊， 在梦
里 梦里梦里见过你, 甜蜜
笑得多甜蜜， 是你,是你,梦见的 就是 你。 在哪
里,在哪里见过 你, 你的笑容 这样熟 悉,我一时想不

甜 蜜 蜜

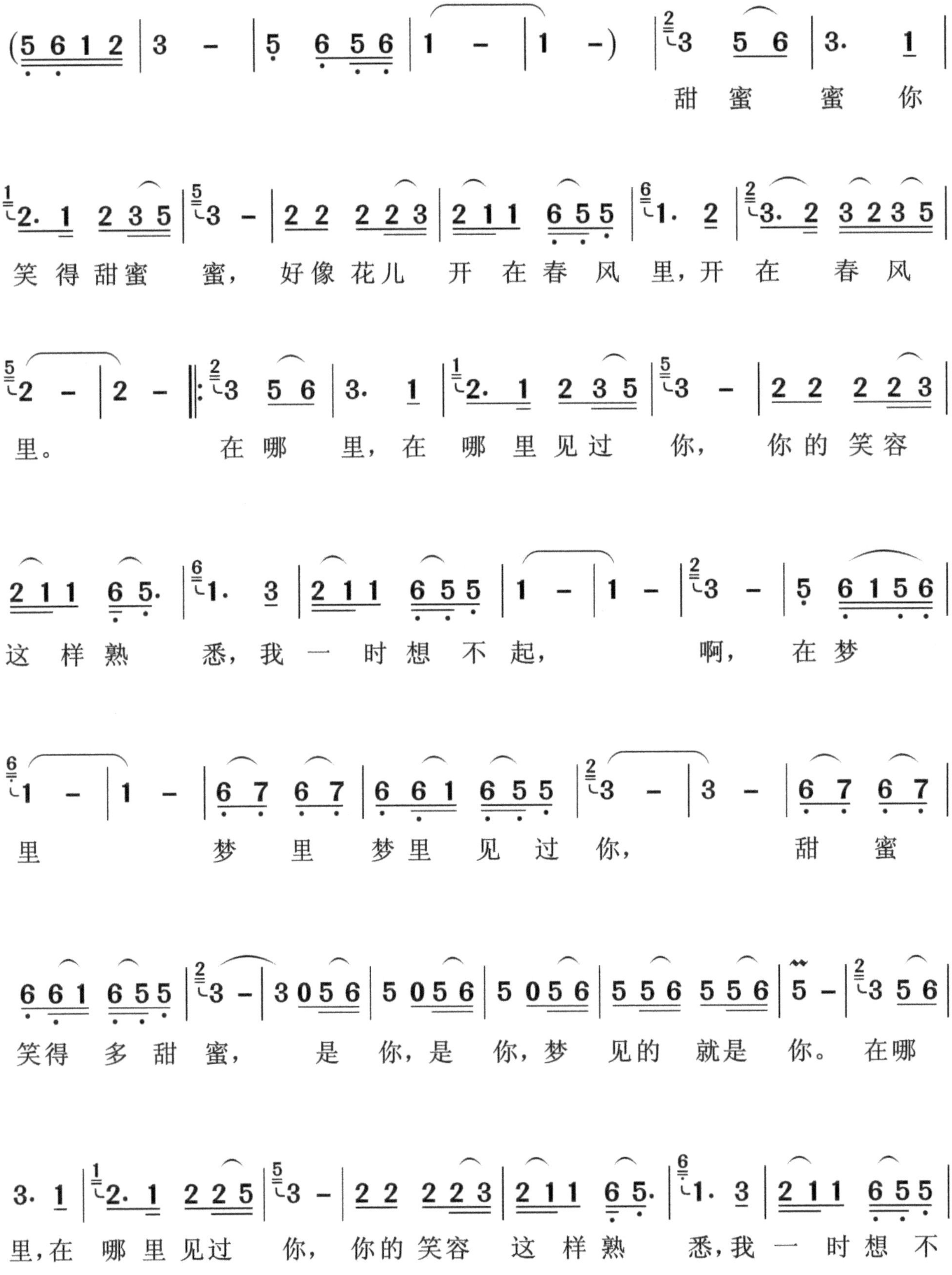

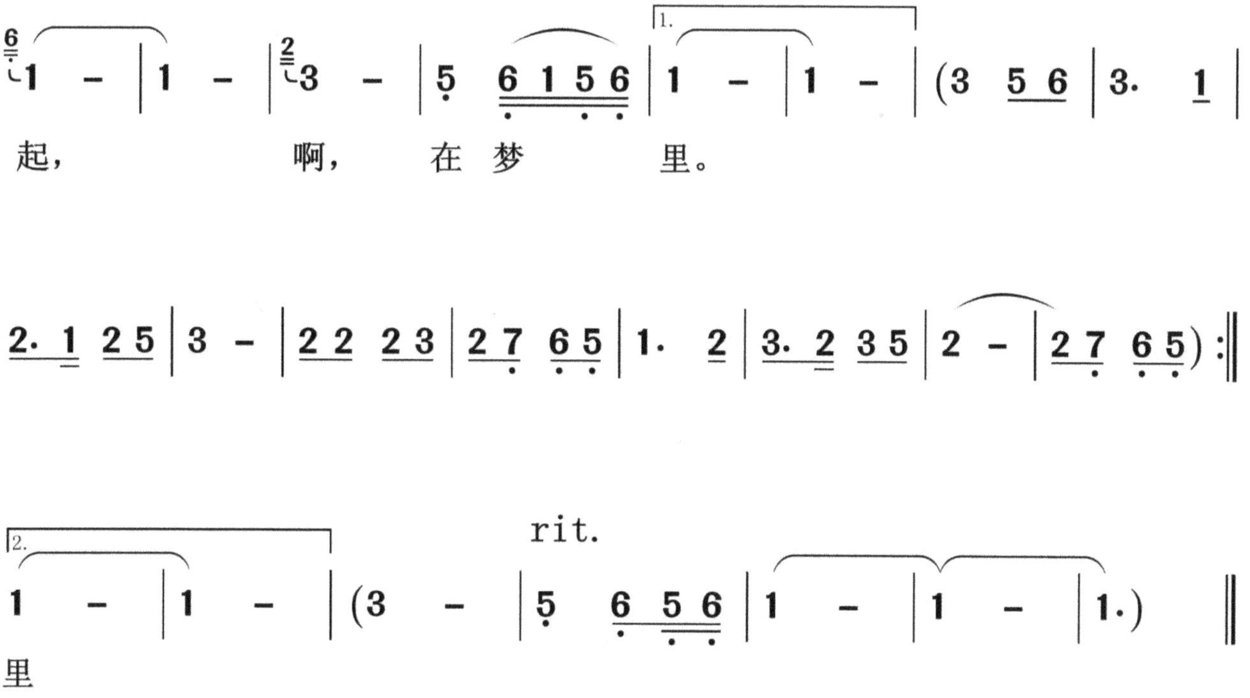

起， 啊， 在 梦 里。
里
rit.

爱我中华

1=♭E 4/4

乔 羽 词
徐 沛 东 曲

♩=112 快活、自豪地

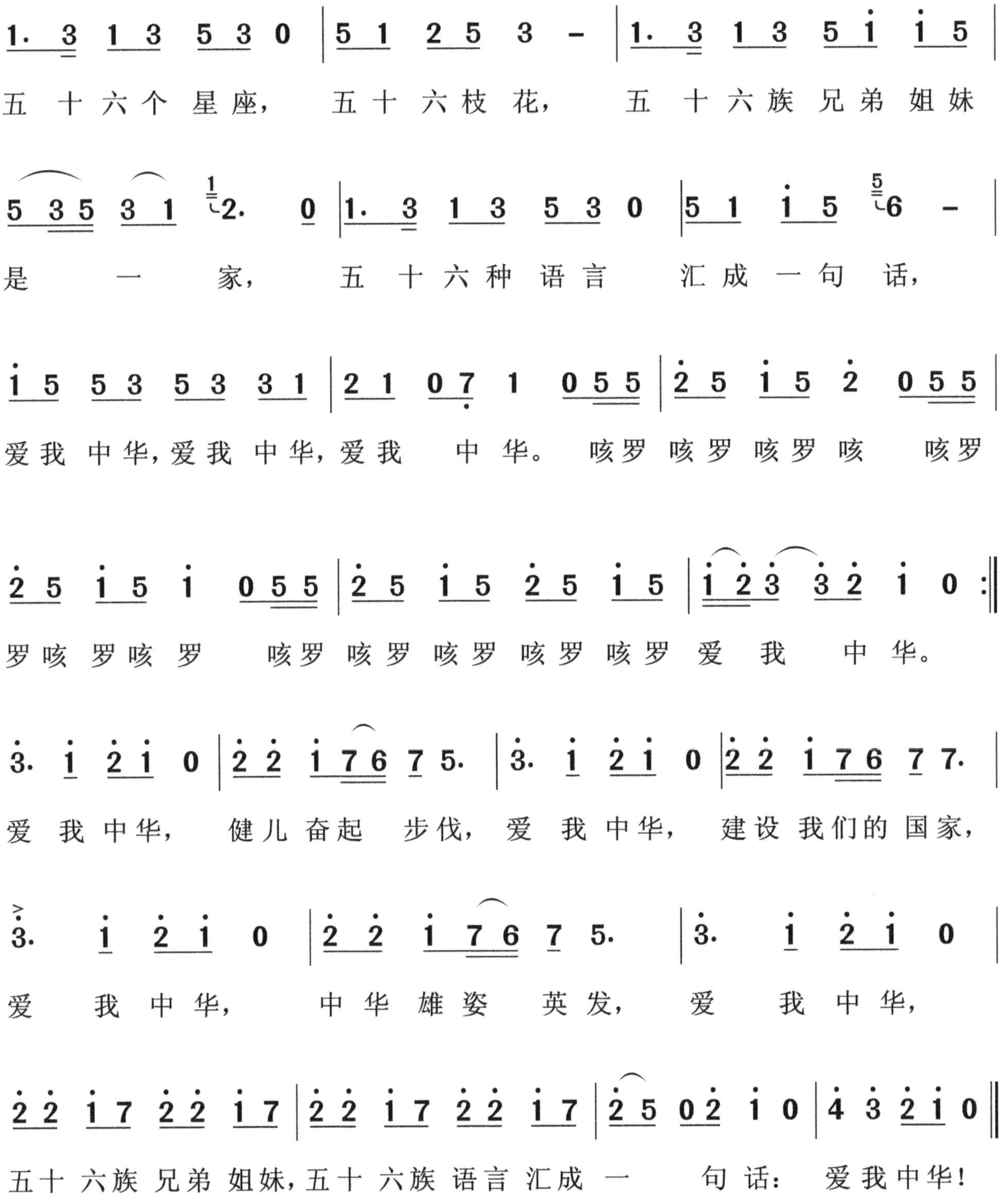

当兵的人

王　晓　峰　词
臧云飞　刘斌　曲

1=♭B　4/4

进行曲速度　豪迈有力地

咱　当兵的人　　有啥不一样，
咱　当兵的人　　就是不一样，

只因为我们都穿着　朴实的军装。
头枕着边关的明月，身披着雨雪风霜。

咱　当兵的人　　有啥不一样，
咱　当兵的人　　就是不一样，

自从离开家乡，就难见到爹娘。
为了国家安宁，我们紧握手中枪。

说　不一样　　其实也一样
说　不一样　　其实也一样

都是青春的年华，都是热血儿郎。
都在渴望辉煌，都在赢得荣光。

说　不一样　　其实也一样
说　不一样　　其实也一样

一样的足迹留给山高水长。
一样的风采在共和国旗帜上飞扬

春 暖 花 开

1=C 4/4

梁 芒 词
洪 兵 曲

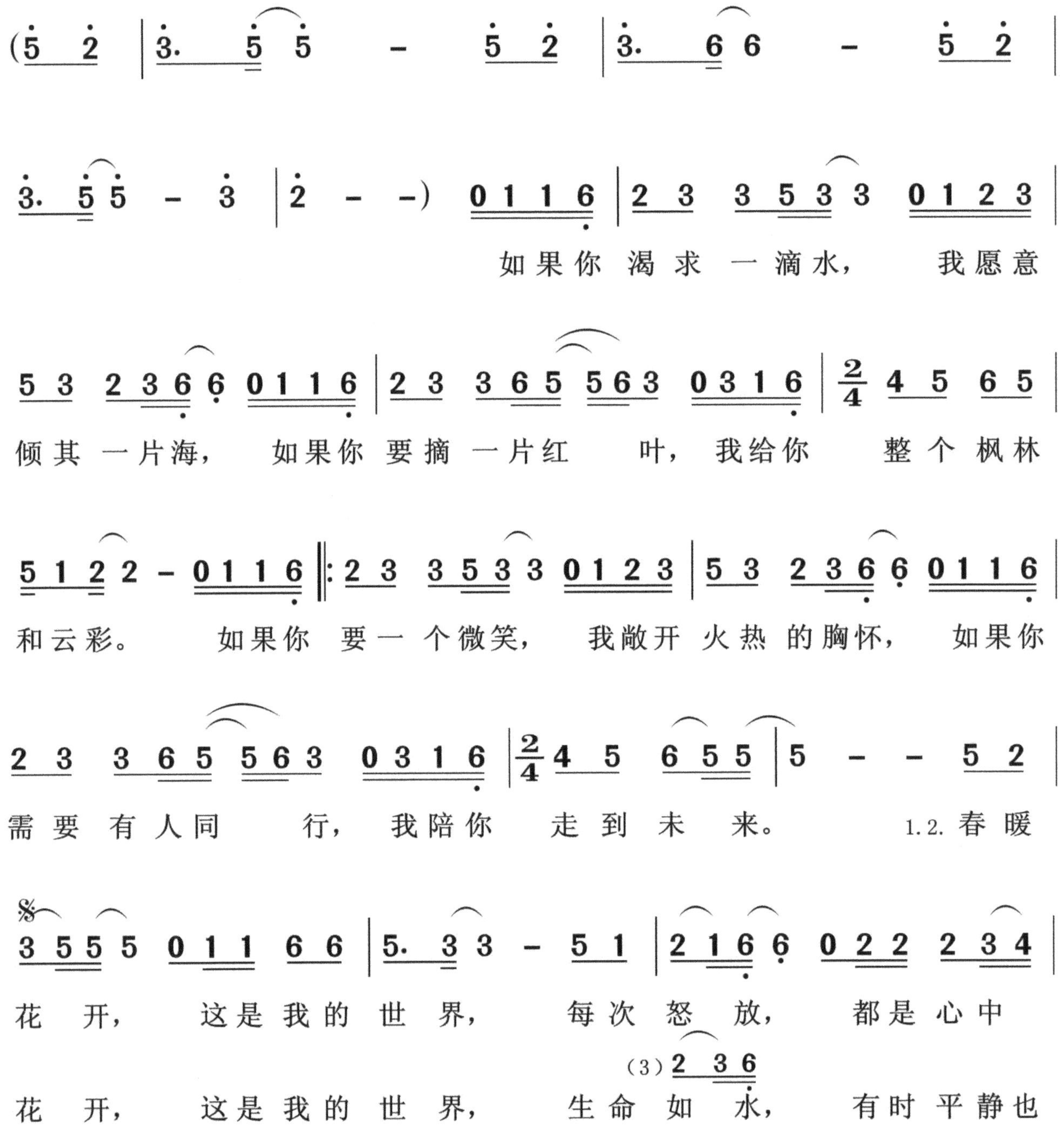

（5 2 | 3. 5 5 － 5 2 | 3. 6 6 － 5 2 |

3. 5 5 － 3 | 2 － －） 0 1 1 6 | 2 3 3 5 3 3 0 1 2 3 |

如果你 渴求 一滴水， 我愿意

5 3 2 3 6 6 0 1 1 6 | 2 3 3 6 5 5 6 3 0 3 1 6 | 2/4 4 5 6 5 |

倾其 一片海， 如果你 要摘 一片红 叶，我给你 整个枫林

5 1 2 2 － 0 1 1 6 ‖: 2 3 3 5 3 3 0 1 2 3 | 5 3 2 3 6 6 0 1 1 6 |

和云彩。 如果你 要一个微笑， 我敞开 火热的胸怀， 如果你

2 3 3 6 5 5 6 3 0 3 1 6 | 2/4 4 5 6 5 5 | 5 － － 5 2 |

需要 有人同 行，我陪你 走到未 来。 1.2.春暖

3 5 5 5 0 1 1 6 6 | 5. 3 3 － 5 1 | 2 1 6 6 0 2 2 2 3 4 |

花 开， 这是我的 世界， 每次怒 放， 都是心中

（3）2 3 6

花 开， 这是我的 世界， 生命如 水， 有时平静也

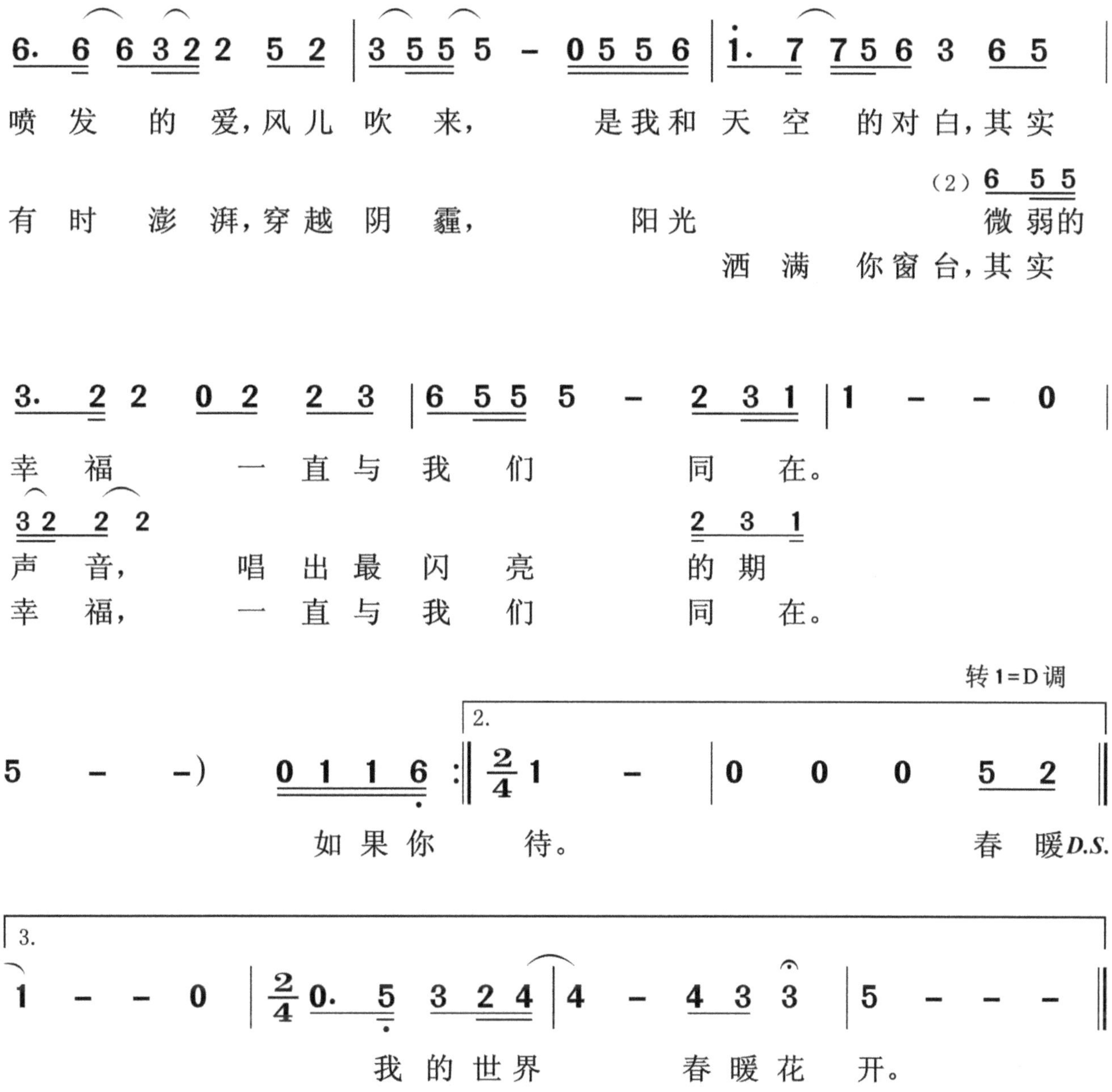

6. 6 6 3 2 2 5 2 | 3 5 5 5 - 0 5 5 6 | i. 7 7 5 6 3 6 5 |
喷发 的 爱，风儿 吹 来， 是 我 和 天 空 的 对 白，其实
有 时 澎湃，穿越 阴 霾， 阳光 微 弱的
（2）6 5 5
洒 满 你窗台，其实

3. 2 2 0 2 2 3 | 6 5 5 5 - 2 3 1 | 1 - - 0 |
幸 福 一 直 与 我 们 同 在。
3 2 2 2 2 3 1
声 音， 唱 出 最 闪 亮 的 期
幸 福， 一 直 与 我 们 同 在。

转 1=D 调
5 - -） 0 1 1 6 : ‖ 2/4 1 - | 0 0 0 5 2 ‖
2.
如 果 你 待。 春 暖 D.S.

3.
1 - - 0 | 2/4 0. 5 3 2 4 | 4 - 4 3 3 | 5 - - - ‖
我 的 世界 春暖 花 开。

军港之夜

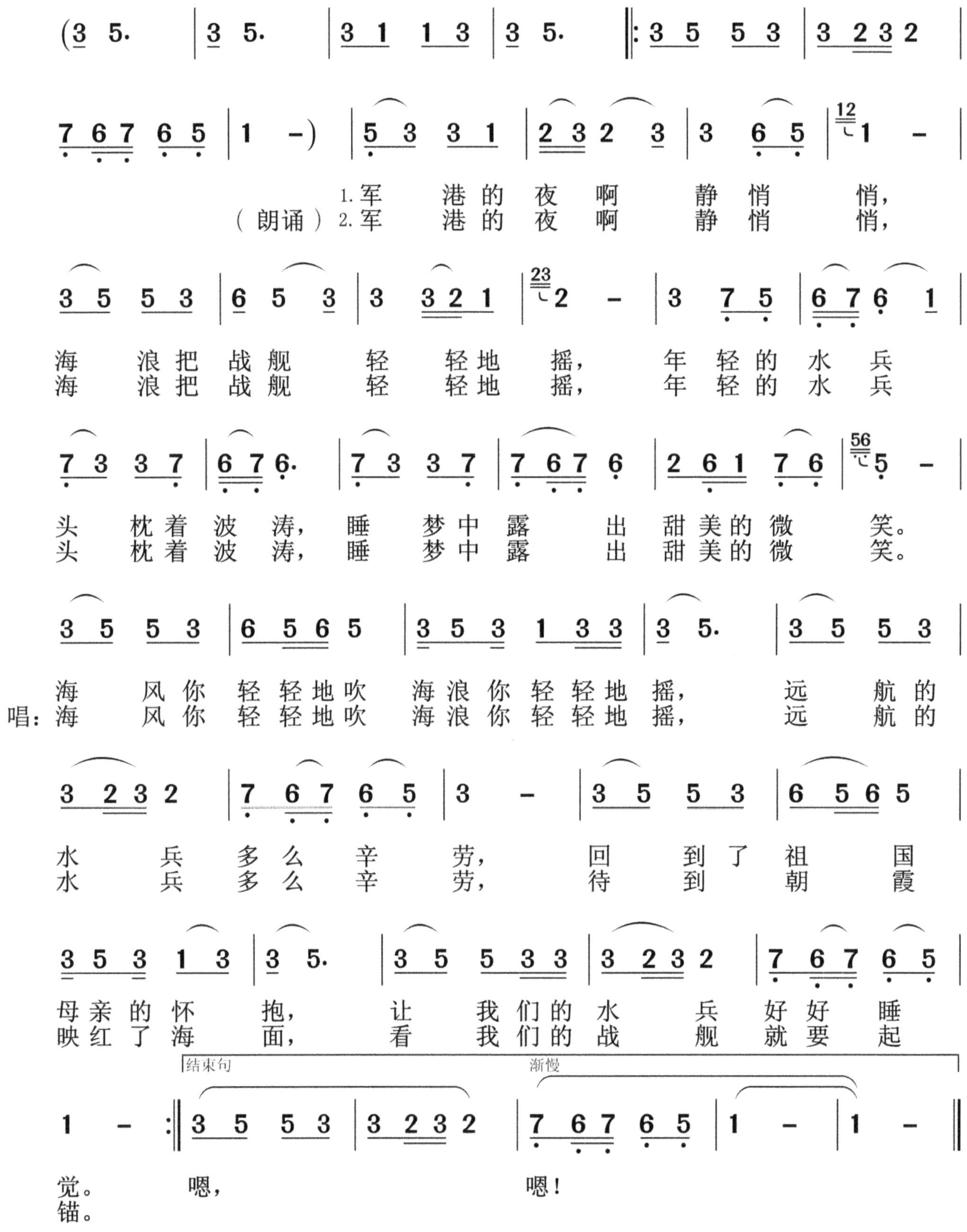

经典独唱歌曲
1=C 2/4
马金星 词
刘诗召 曲
（朗诵）
1.军港的夜啊 静悄悄，
2.军港的夜啊 静悄悄，
海浪把战舰 轻轻地摇，年轻的水兵
海浪把战舰 轻轻地摇，年轻的水兵
头枕着波涛，睡梦中露出甜美的微笑。
头枕着波涛，睡梦中露出甜美的微笑。
海风你轻轻地吹 海浪你轻轻地摇，远航的
唱：海风你轻轻地吹 海浪你轻轻地摇，远航的
水兵多么辛劳，回到了祖国
水兵多么辛劳，待到朝霞
母亲的怀抱，让我们的水兵好好睡
映红了海面，看我们的战舰就要起
结束句
渐慢
觉。 嗯，
锚。 嗯！

难 忘 今 宵

乔 羽 词
王 酩 曲

1=G 4/4

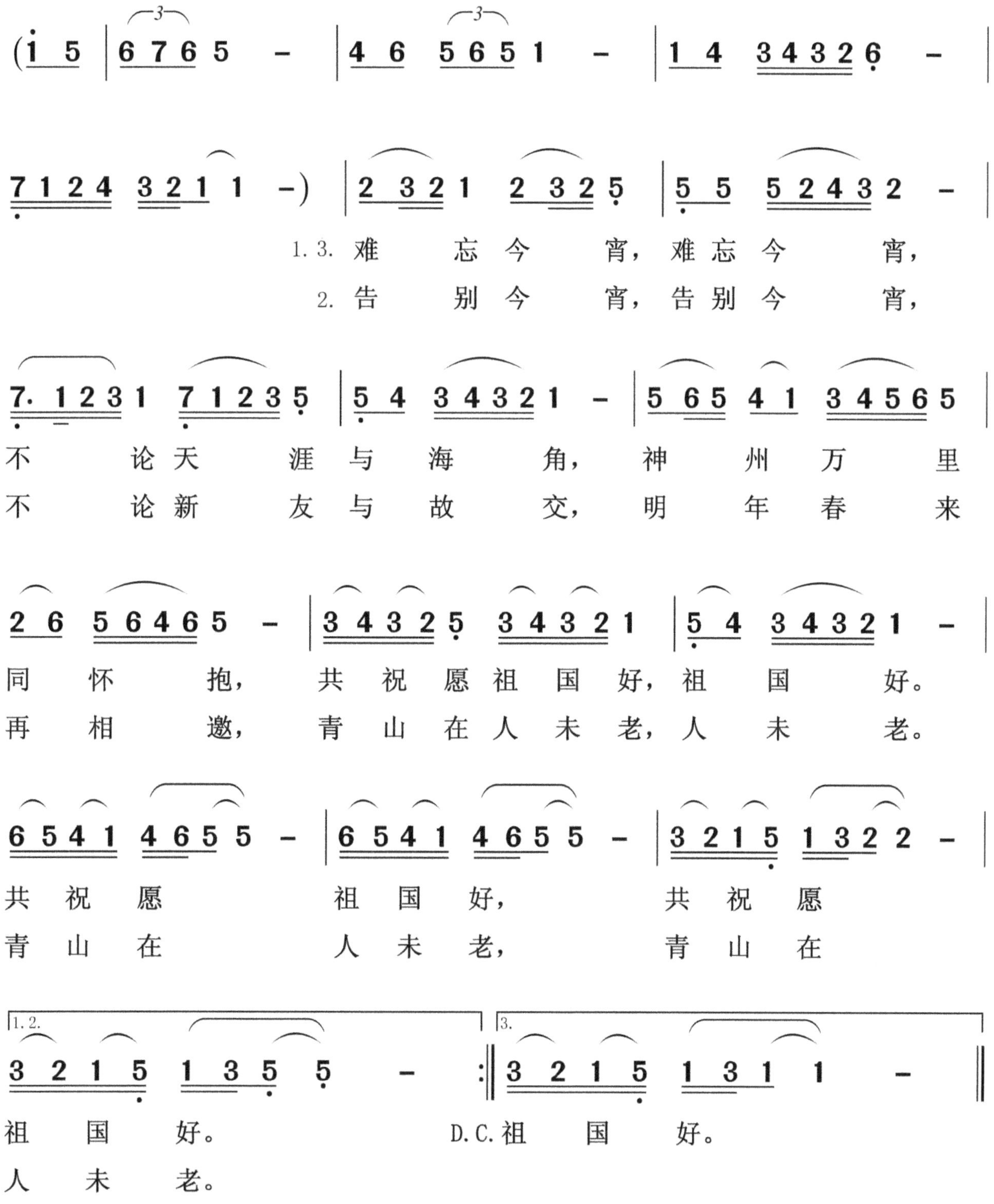

嘉陵江上

1=D 3/4

端木蕻良 词
贺绿汀 曲

♩=32　中速　悲壮

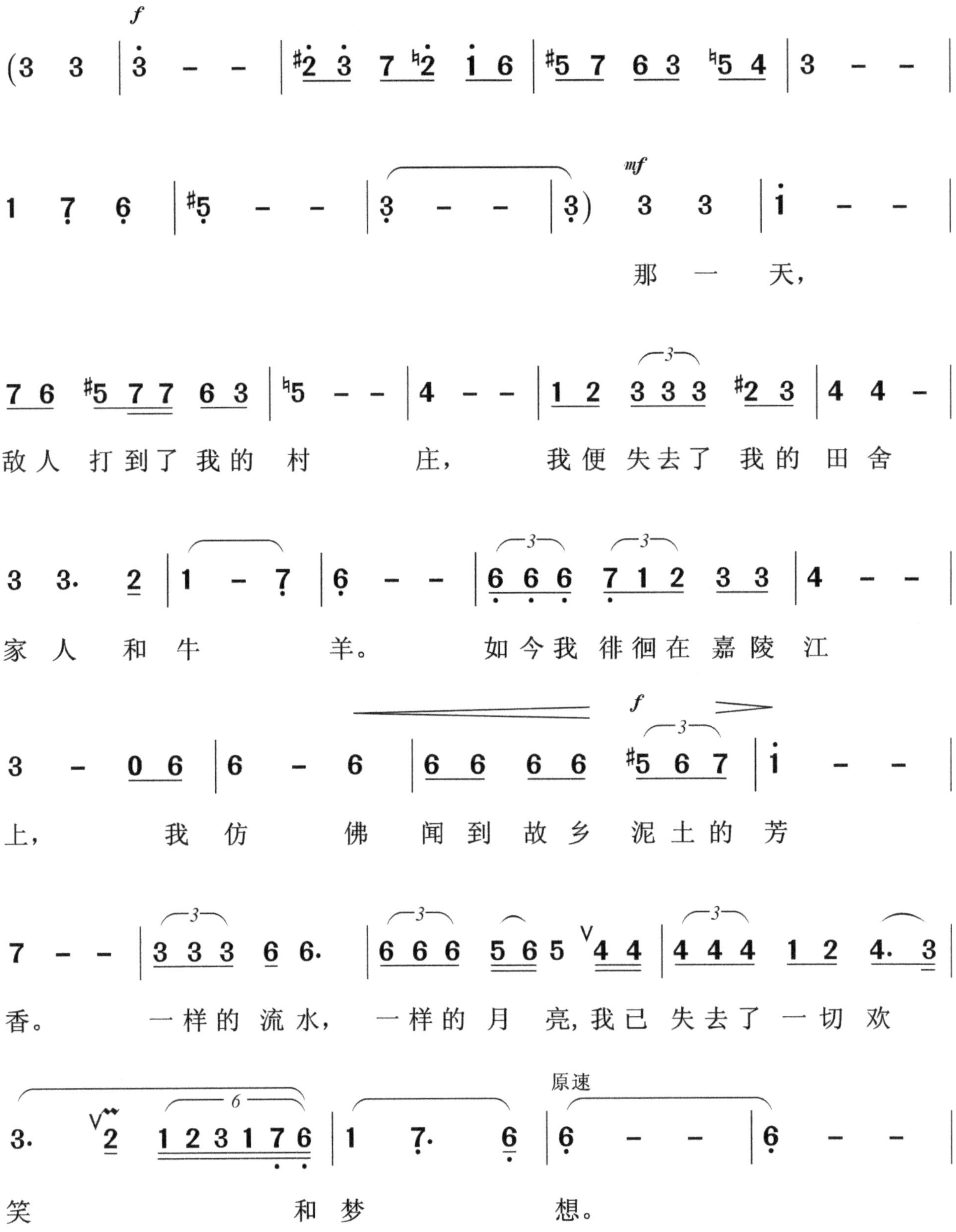

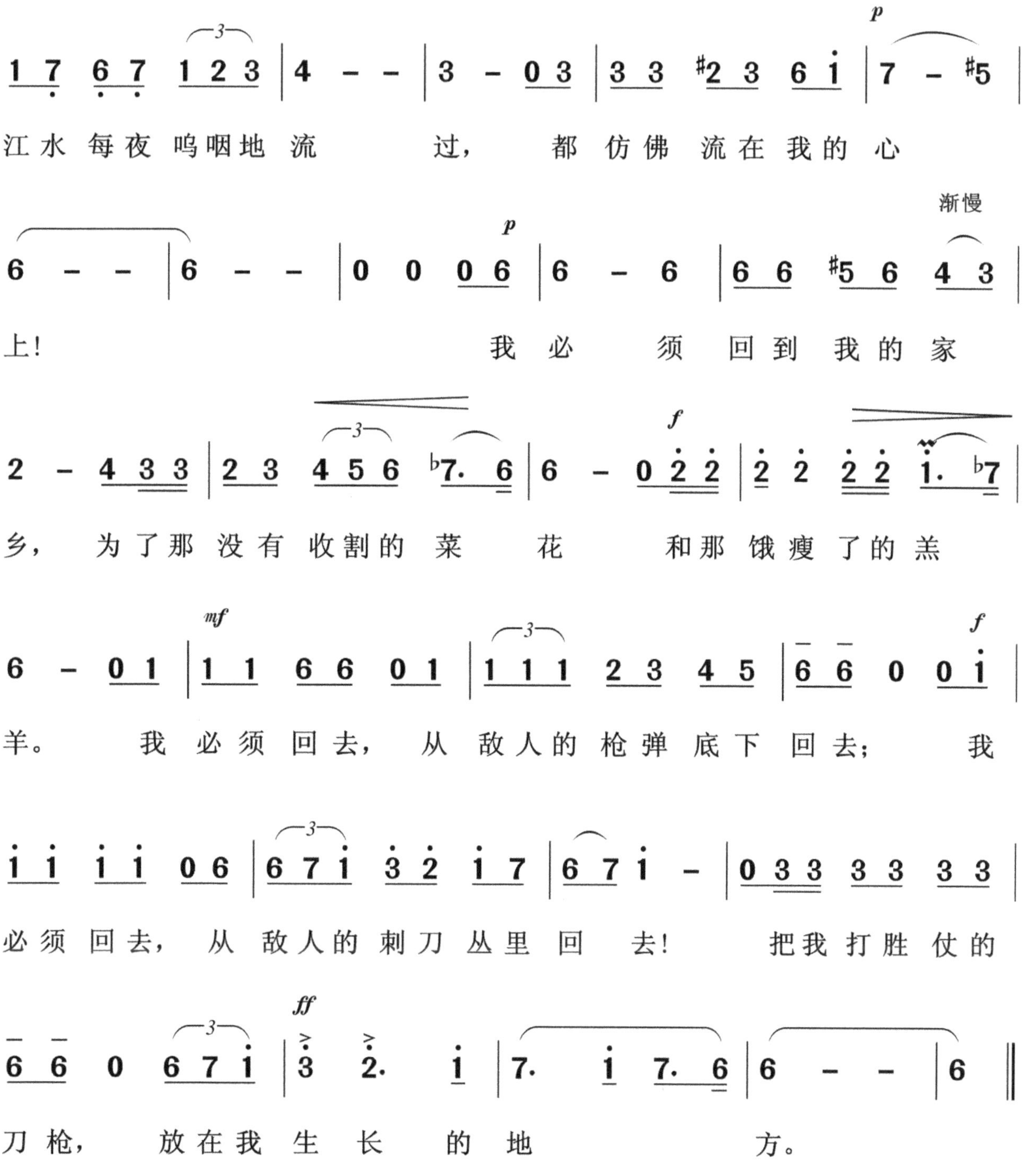

江水 每夜 呜咽地 流 过， 都 仿佛 流 在 我 的 心
上！ 我 必 须 回 到 我 的 家
乡， 为 了 那 没 有 收割 的 菜 花 和 那 饿 瘦 了 的 羔
羊。 我 必 须 回 去， 从 敌人 的 枪弹 底 下 回 去； 我
必 须 回 去， 从 敌人 的 刺刀 丛 里 回 去！ 把 我 打 胜 仗 的
刀 枪， 放 在 我 生 长 的 地 方。

松花江上

1=D $\frac{3}{4}$

张寒晖 词曲

我 的 家　在 东 北 松 花 江 上，　那 里 有　森 林 煤 矿。

还 有 那　满 山 遍 野 的 大 豆 高　粱。　我 的 家　在 东 北 松 花

江 上，　那 里 有　我 的 同 胞，　还 有 那　衰 老 的 爹

娘。　　"九 一 八" "九 一 八"　从 那 个 悲 惨 的 时

候，　"九 一 八" "九 一 八"　从 那 个 悲 惨 的 时　候，

脱 离 了 我 的 家 乡，　抛 弃 那 无 尽 的 宝　藏，流 浪! 流

浪! 整 日 价 在 关 内，　流 浪!　哪 年，　哪 月，

才 能 够　回 到 我 那 可 爱 的 故　乡?　哪 年，　哪 月，

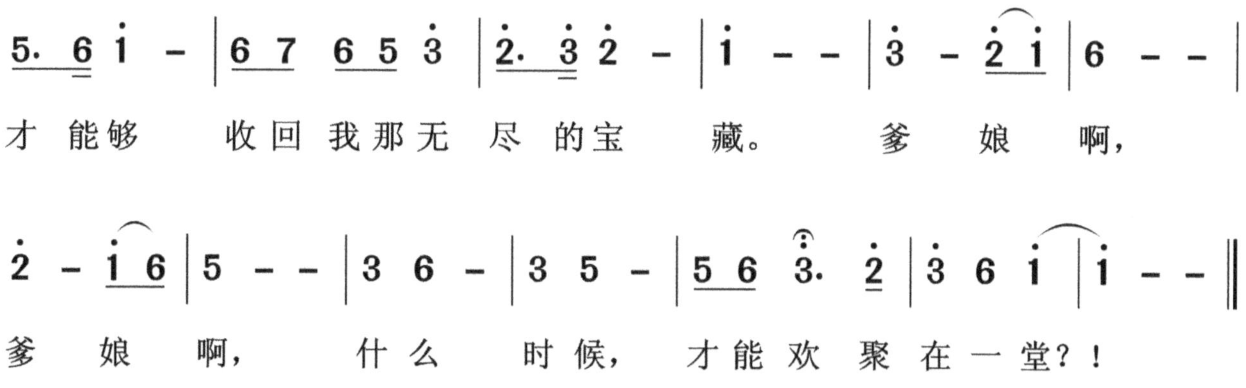

祝 福 祖 国

1=C

清 风 词
孟庆云 曲

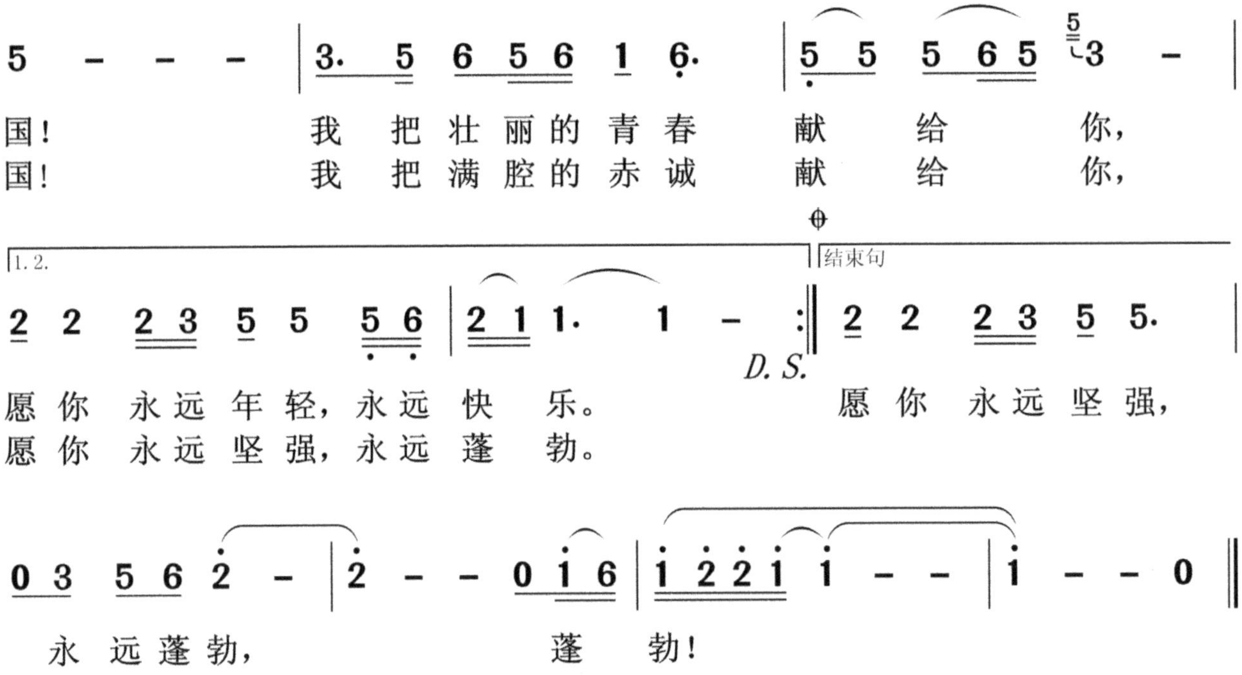

国！　我　把　壮丽的　青春　献　给　你，
国！　我　把　满腔的　赤诚　献　给　你，
1. 2.
结束句
D. S.
愿你　永远年轻，永远快　乐。　愿你　永远坚强，
愿你　永远坚强，永远蓬　勃。
永　远蓬勃，　　蓬　勃！

中华民谣

1=G 4/4

♩=90

冯晓泉　张晓松　词
冯　晓　泉　曲

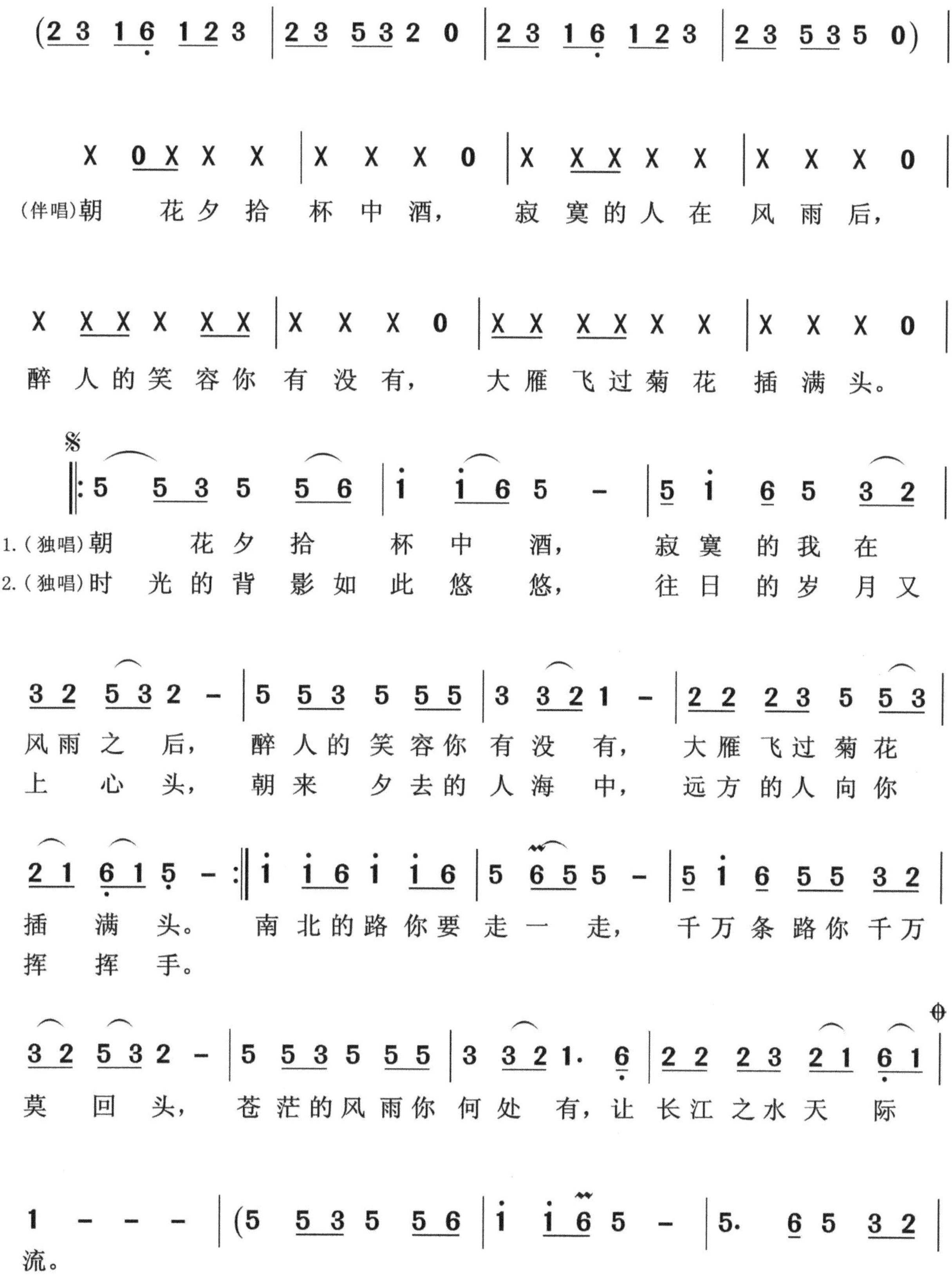

梦 醒 时 分

1=C 4/4
李宗盛 词曲
（6153 361 535 567｜55 5633 — ｜6153 361 535 6116
2. 6665｜5）012 3333 32｜353 335 6667
你说 你爱了不该 爱的人　你的 心中 满是
53 332 1111 6｜3511 22· 21
伤痕，　你说你犯了不该 犯的错　心中 满是
532 212 3333 32｜353 335 6667
悔 恨。　你说你曾经想要 躲着哭　找不 到可以 相信
53 3555 61 16｜42 255 61 16｜122 — 0555
的人，你说你感到万分 沮丧　甚至开始 怀疑人生。　早知道
33 33 32 2217｜111 12 35 555
伤心 总是 难免的　你又何苦 一往 情深，　因为
61 11 11 261 111｜222 21 325 5555
爱情总是难舍难分　何必在意那一点 点温存。　要知道
33 35 32 2217｜11 12 35 555
伤心 总是 难免的，　在每一个 梦醒 时分，　有些
61 11 111 261 111｜222 213 2· 1｜1 — — —
事情你 现在不必问　有些人你永 远不必　等。

五星红旗

1=F 4/4

天　明　词
刘　青　曲

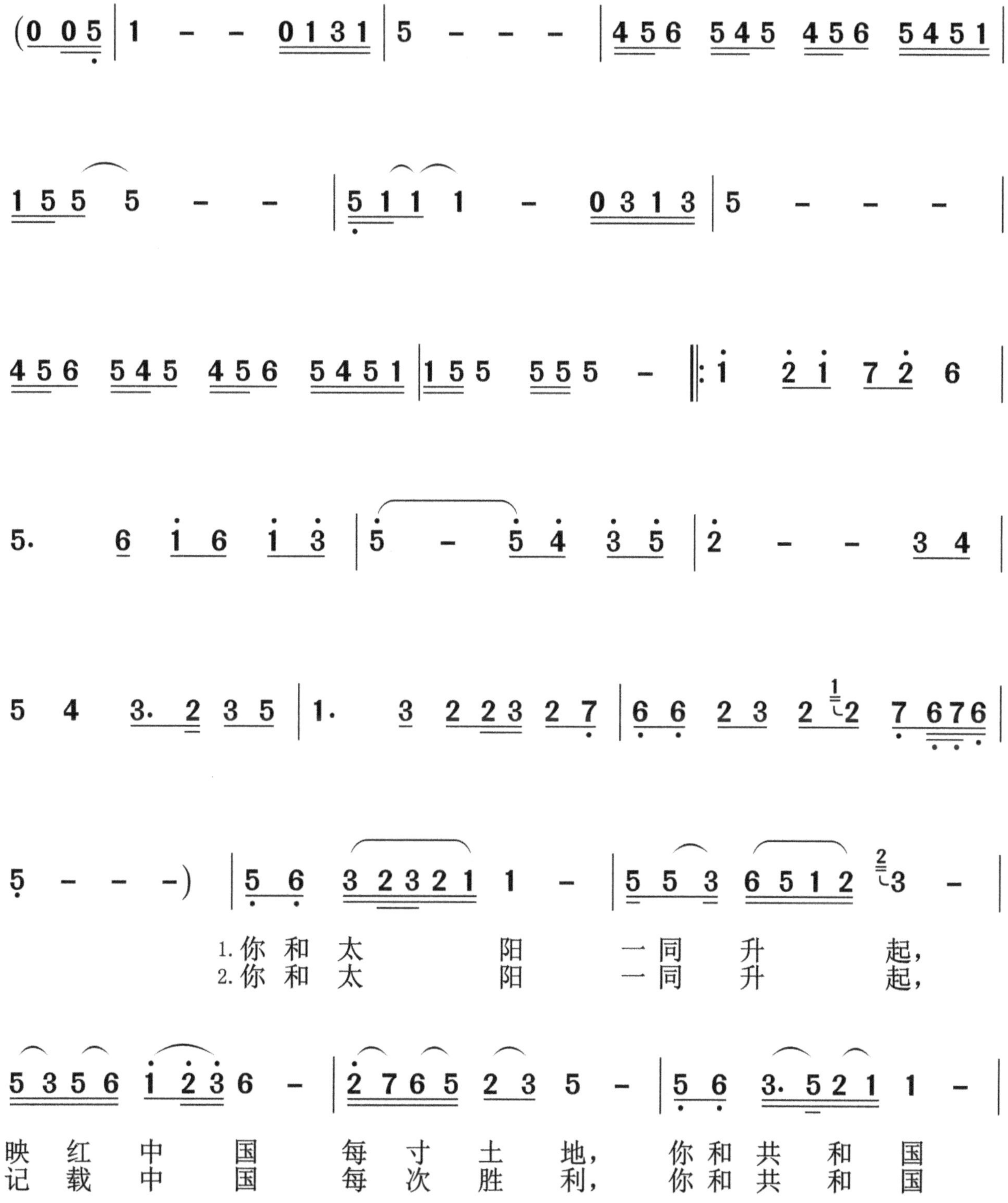

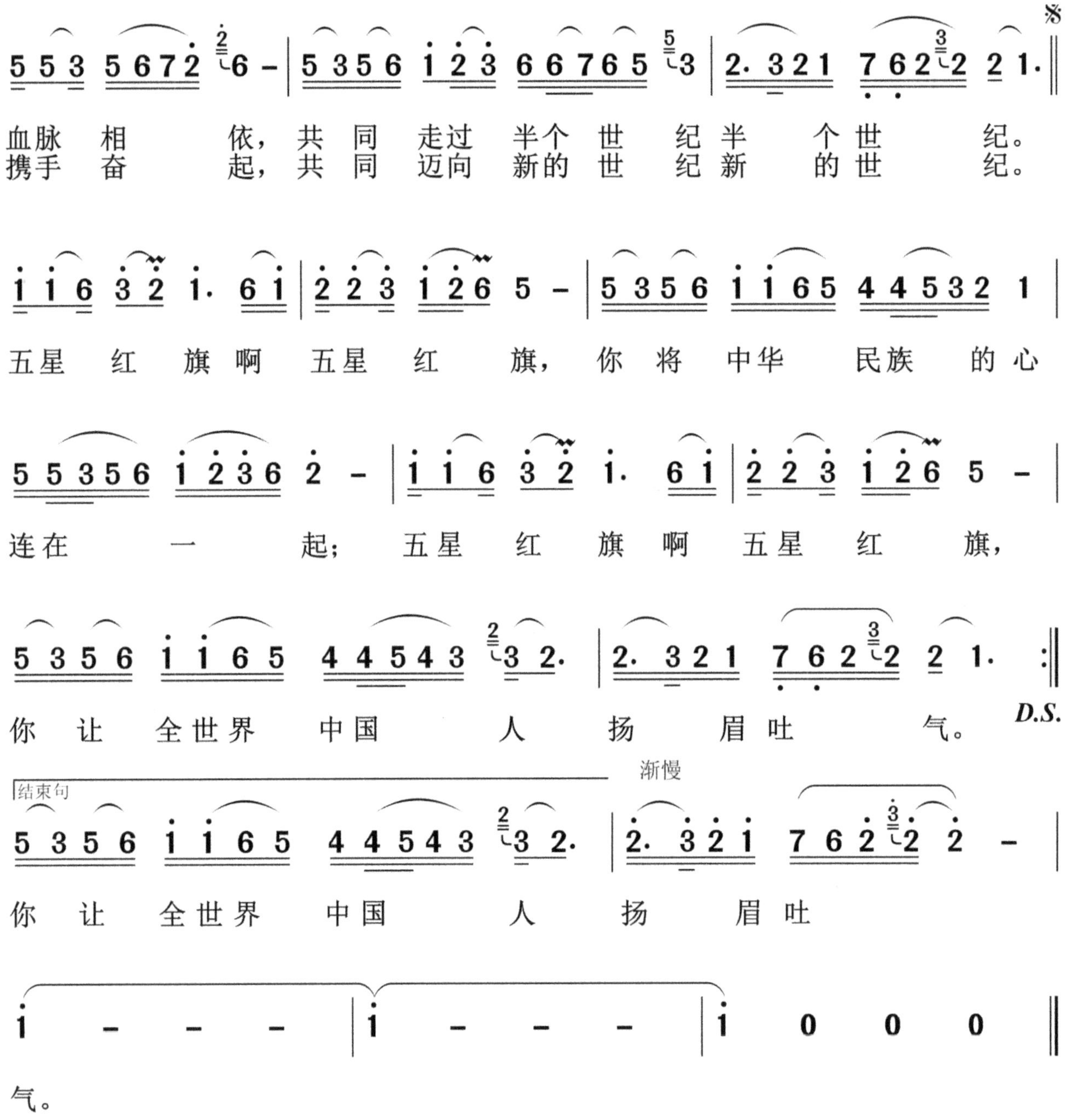

血脉 相 依，共同 走过 半个 世 纪半 个 世 纪。
携手 奋 起，共同 迈向 新的 世 纪新 的 世 纪。
五星 红 旗啊 五星 红 旗，你 将 中华 民族 的 心
连在 一 起；五星 红 旗啊 五星 红 旗，
你 让 全世界 中国 人 扬 眉 吐 气。
D.S.
渐慢
结束句
你 让 全世界 中国 人 扬 眉 吐
气。

鼓浪屿之波

1=F 4/4

抒情地

张藜　红曙　词
钟立民　曲

乌苏里船歌

1=A 6/8 2/4

赫哲族民间 曲调
郭颂 胡小石 词
汪云才 郭颂 编曲

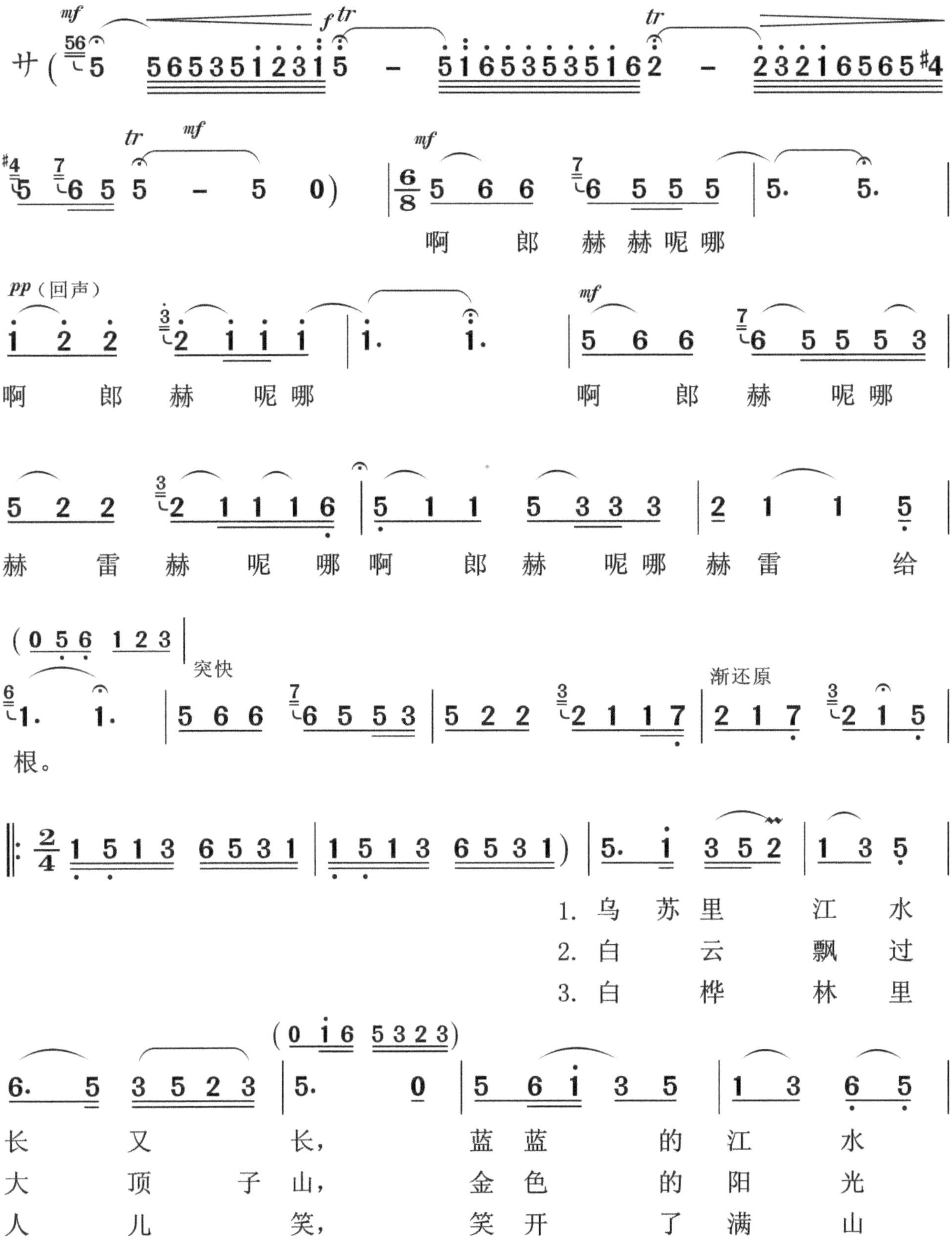

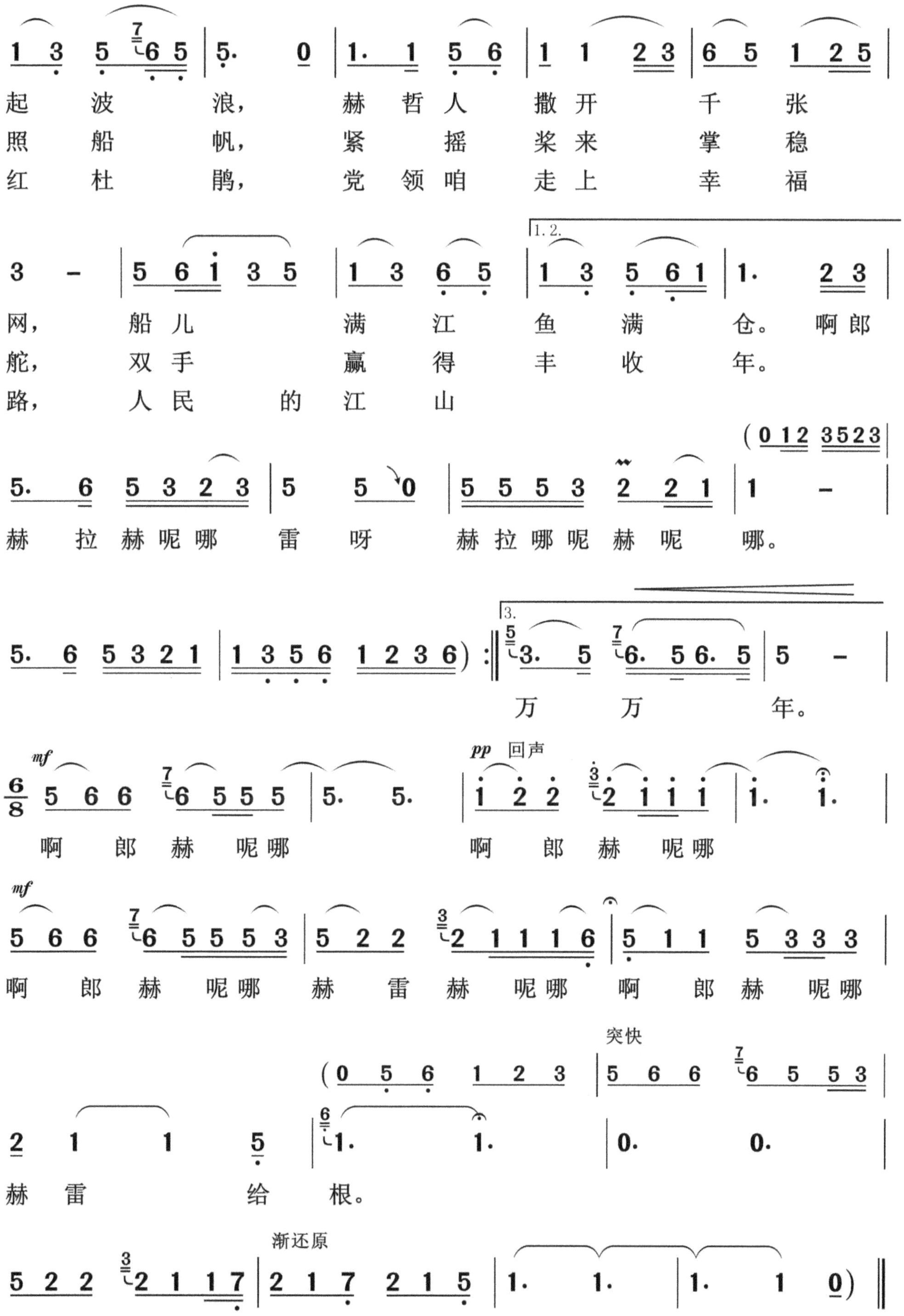

起波浪，赫哲人撒开千张
照船帆，紧摇桨来掌稳
红杜鹃，党领咱走上幸福

网，船儿满江鱼满仓。啊郎
舵，双手赢得丰收年。
路，人民的江山

赫拉赫呢哪雷呀赫拉哪呢赫呢哪。

万万年。

pp 回声

啊郎赫呢哪　啊郎赫呢哪

啊郎赫呢哪赫雷赫呢哪啊郎赫呢哪

突快

赫雷给根。

渐还原

说 句 心 里 话

1=C 4/4
♩=62

石顺义　词
士　心　曲

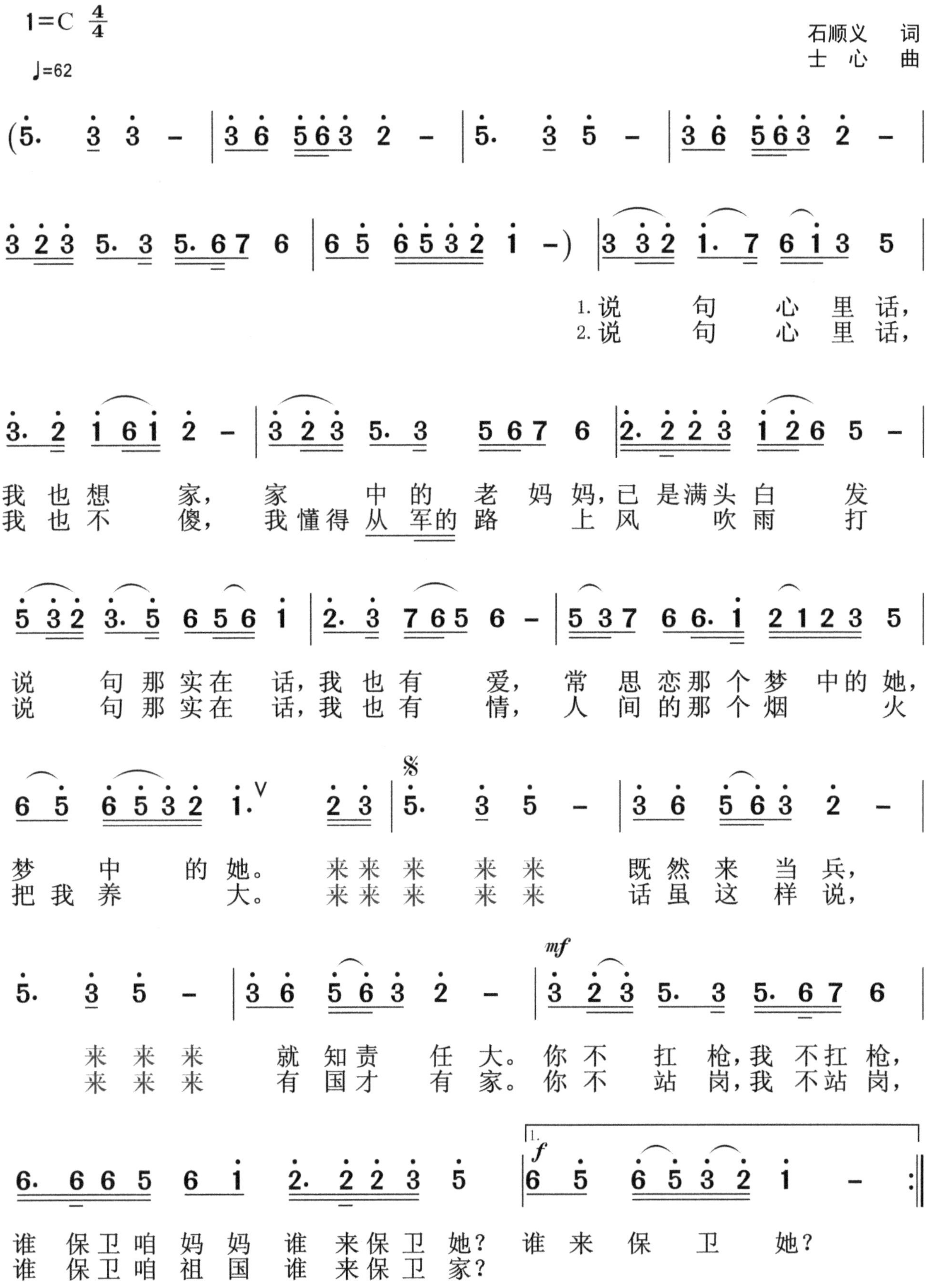

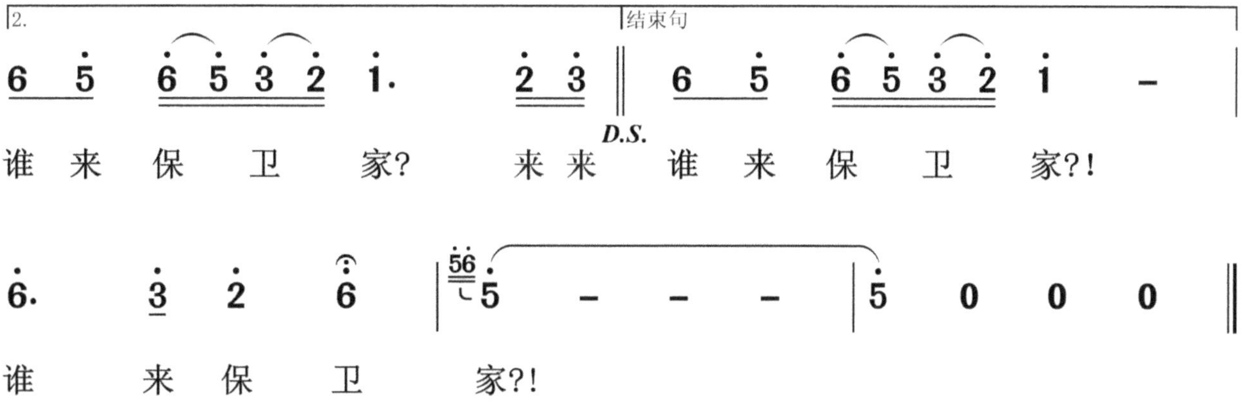

春天的故事

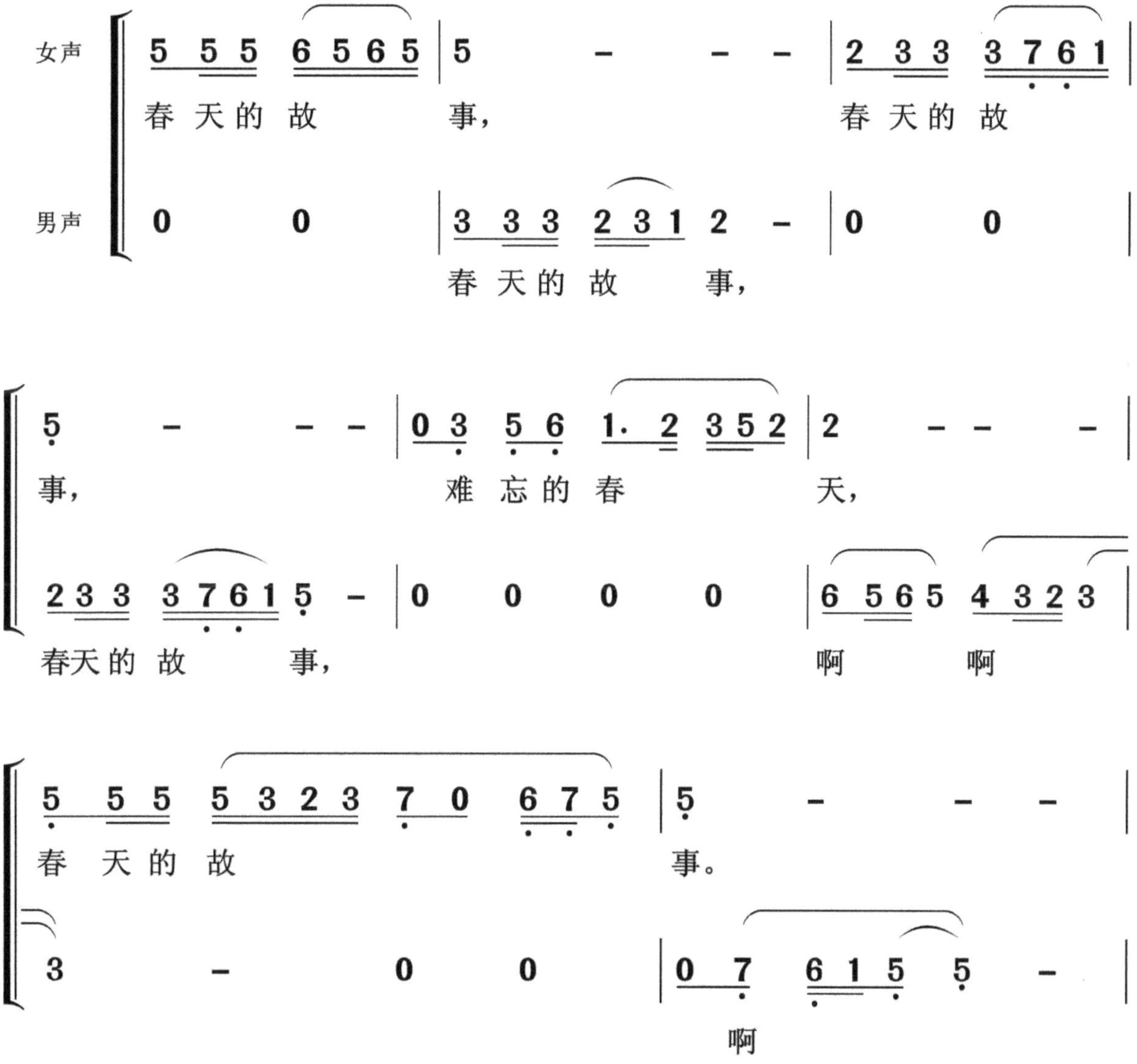

‖: 5 5 5 3 2 3 | 1. 6 1 | 2 0 2 3 7 6 1 | 5 - |

1.（独）一 九 七 九 年 那 是 一 个 春 天，
2.（独）一 九 九 二 年 又 是 一 个 春 天，

6 1 2 | 3 5 0 3 6 6 6 5. 6 3 3 | 2. 6 1 2 3 2 |

有 一 位 老 人 在 中 国 的 南 海 边 画 了 一 个
有 一 位 老 人 在 中 国 的 南 海 边 发 表 诗

2 - | 3. 5 5 7 | 6 7 6 5 3. | 5. 6 7 3 5 2 - |

圈， 神 话 般 地 崛 起 座 座 城，
篇， 天 地 间 荡 起 滚 滚 春 潮，

3. 5 5 7 | 6 7 6 5 3. | 7. 7 6 7 5 5 - | 5. 6 6 |

奇 迹 般 地 聚 起 座 座 金 山， 春 雷 啊
征 途 上 扬 起 浩 浩 风 帆， 春 风 啊

5 6 1 7 | 6 4 5 6 2 2 - | 5. 6 6 | 5 6 1 7 |

唤 醒 了 长 城 内 外， 春 辉 啊 暖 透 了
吹 绿 了 东 方 神 州， 春 雨 啊 滋 润 了

6 6 6 5 6 5 5 - | 5 5 6 6 5 6 1 6 1 6 1 | 2. 3 7 2 6 |

大 江 两 岸。 啊 中 国， 啊 中
华 夏 故 国。 啊 中 国， 啊 中

6 - | 6 3 5 6 6 | 1. 2 3 5 5 | 5 7 6 1 5 （5 5 |

国， 你 迈 开 了 气 壮 山 河 的 新 步 伐，
国， 你 展 开 了 一 幅 百 年 的 新 画 卷，

5 7 6 1 5 6 3 6 5) 3 5 6 6 | 1. 2 3 1 6 | 5. 3 |

你 迈 开 了 气 壮 山 河 的
你 展 开 了 一 幅 百 年 的

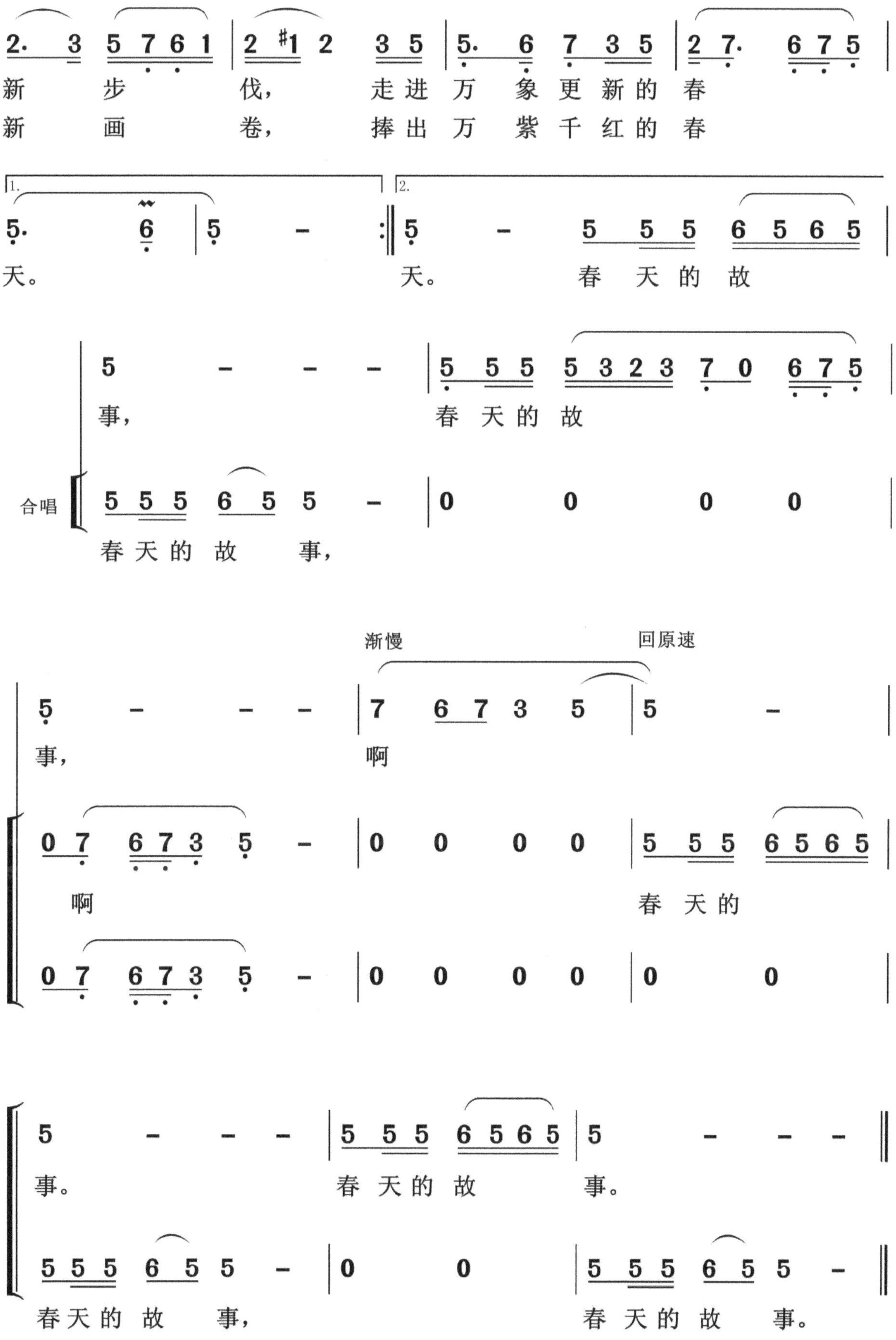

新 步 伐， 走 进 万 象 更 新 的 春
新 画 卷， 捧 出 万 紫 千 红 的 春
天。 天。 春 天 的 故
事，
春 天 的 故
合唱
春 天 的 故 事，
事，
渐慢 回原速
啊
啊 春 天 的
事。 春 天 的 故 事。
春 天 的 故 事， 春 天 的 故 事。

明 天 会 更 好

李寿全　词

罗大佑　曲

1=C 4/4

<table>
<tr><td>1.</td><td>轻轻</td><td>敲醒 沉睡的 心 灵，</td><td>慢慢</td></tr>
<tr><td>2.</td><td>抬头</td><td>寻找 天空的 翅 膀，</td><td>候鸟</td></tr>
<tr><td>3.</td><td>谁能</td><td>不顾 自己的 家 园，</td><td>抛开</td></tr>
<tr><td>4.</td><td>轻轻</td><td>敲醒 沉睡的 心 灵，</td><td>慢慢</td></tr>
</table>

张开 你的 眼睛，看看 忙碌的 世界 是否 依 然 孤独的 转个不 停，
出现 它的 影迹，带来 远处的 饥荒 无情的 战火 依然存 在的消 息，
记忆 中的 童年，谁能 忍心 看他 昨日的 忧愁 带走 我们的 笑 容，
张开 你的 眼睛，看那 忙碌的 世界 是否 依 然 孤独的 转个不 停，

[1.]
春风 不解 风 情，吹动 少年的 心，让昨 日 脸上的 泪 痕 随 记忆 风干
玉山 白雪 飘 零，燃烧 少年的 心，使
青春 不解 红 尘，胭脂 沾染了 灰，让
日出 唤醒 清 晨，大地 光彩重 生，让

[2.]
了。 抬头 真 情融化成 音 符，倾诉 遥远的 祝 福，
久 违不见的 泪 水，滋润 了你的 面 容，
和 风拂出的 音 乐，谱成 生命的 乐 章，

唱出你的 热 情，伸出你 双手，让我拥抱 着你的梦， 让我 拥有你 真心 的面

孔， 让我们的 笑 容 充满着 青春的 骄 傲，让 我们 期待 明天 会更

[2.3.]
好。 谁能
轻轻

[4.]
好

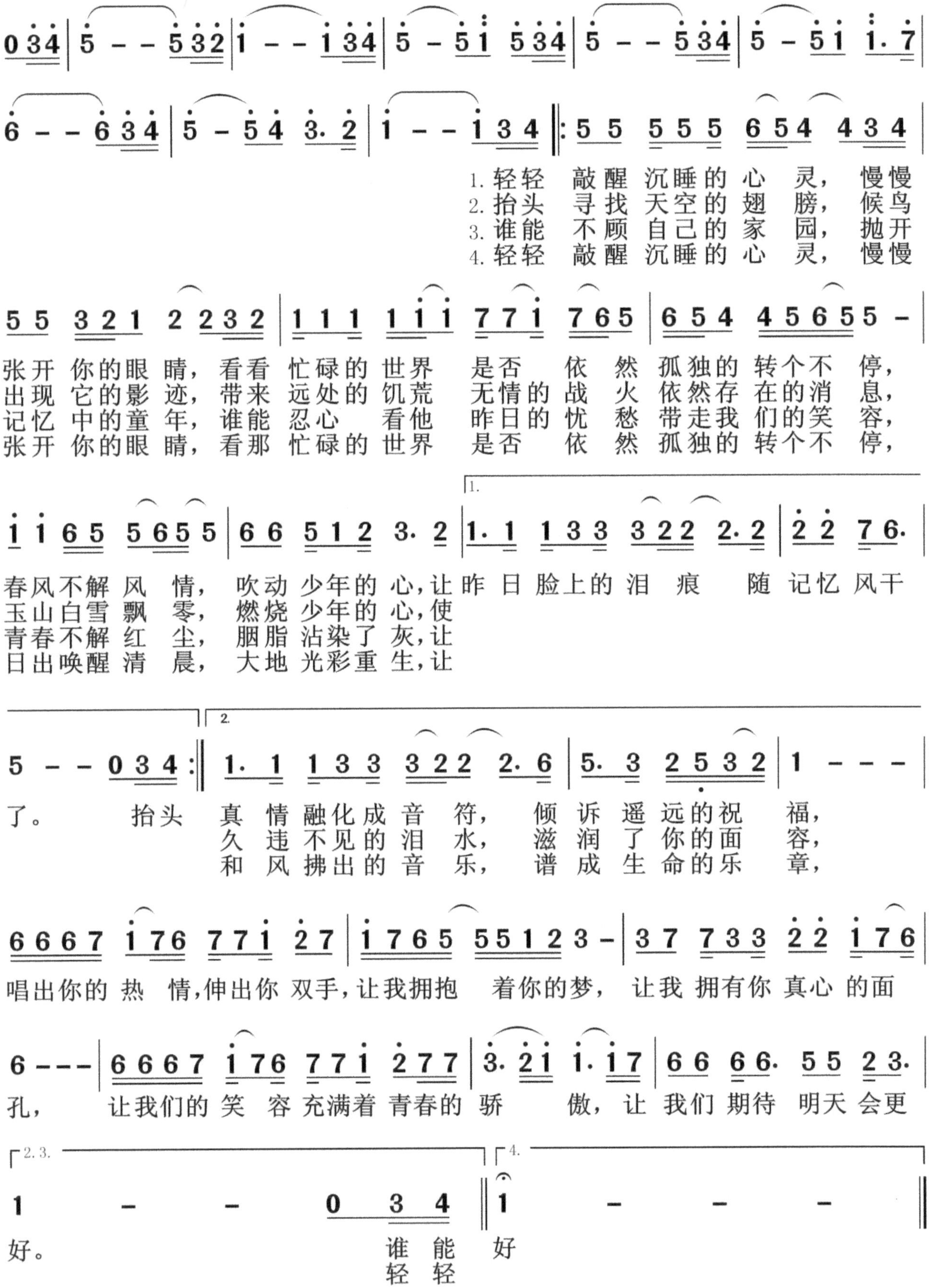

光阴的故事

1=G 6/8

罗大佑 词曲

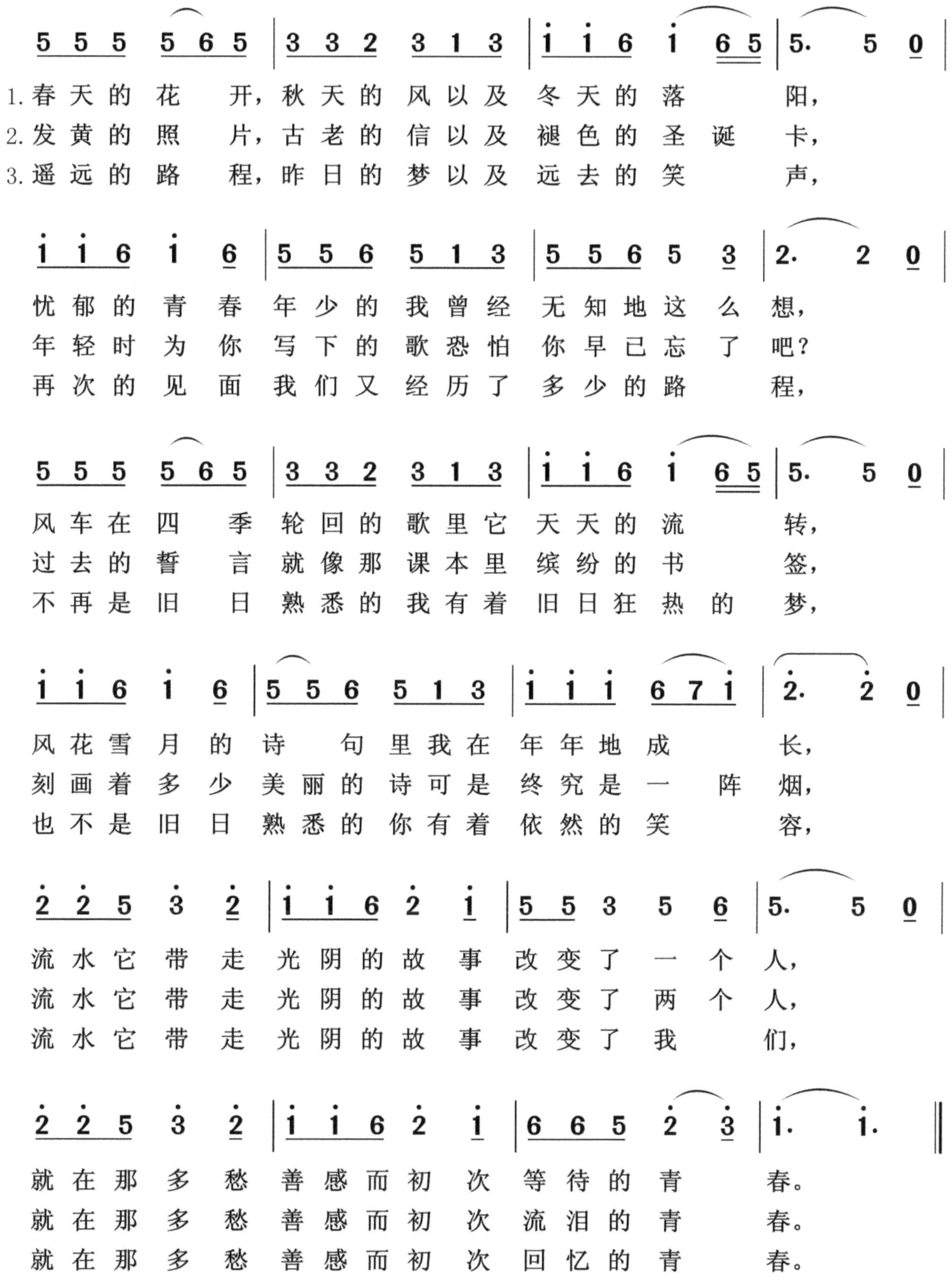

乡间的小路

叶佳修 词曲

1=C 2/4

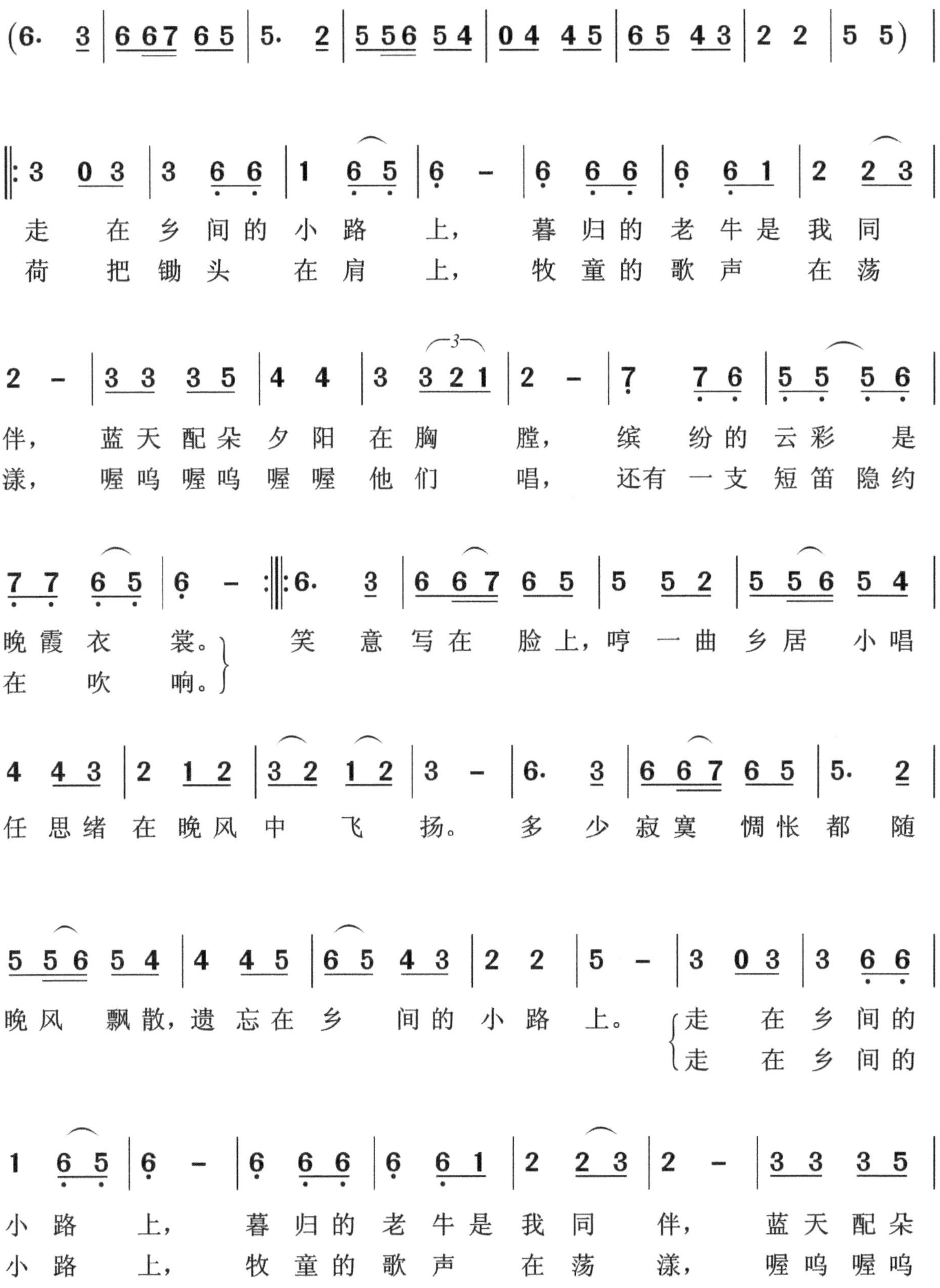

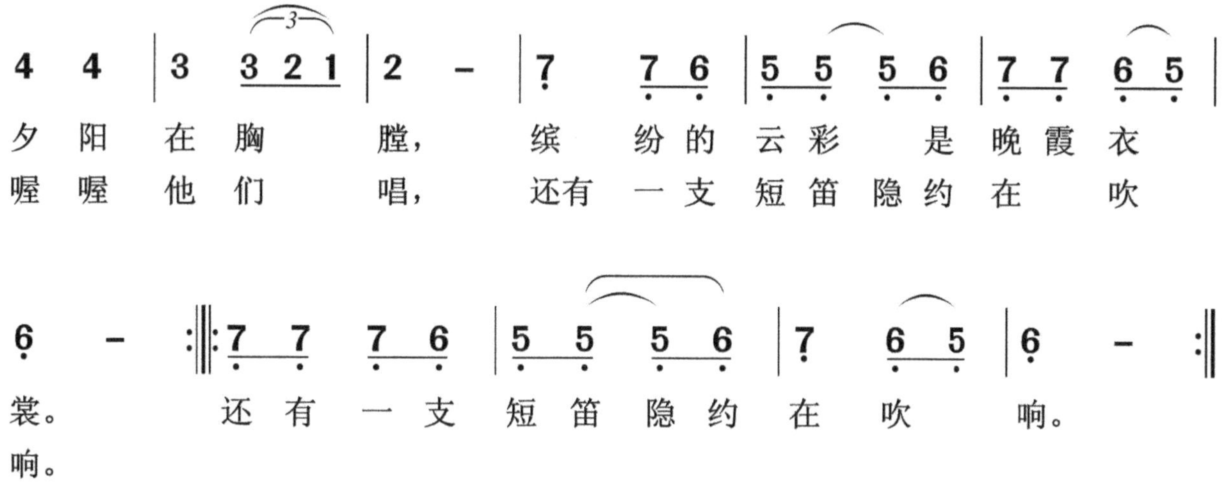

一二三四歌

石顺义 词
臧云飞 曲

1=G 2/4

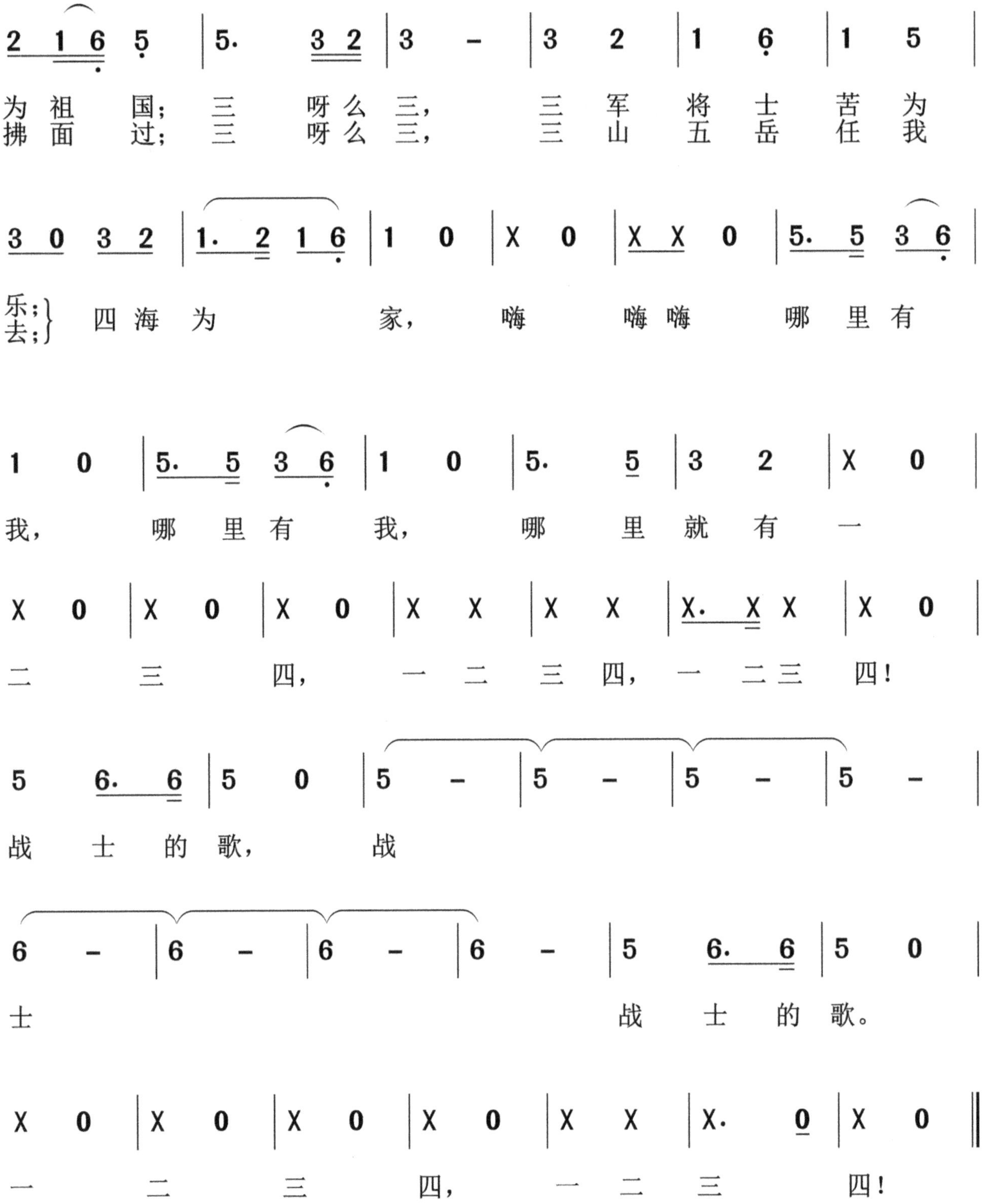

2 1 6 5 | 5. 3 2 | 3 - | 3 2 | 1 6 | 1 5 |
为 祖 国; 三 呀 么 三, 三 军 将 士 苦 为
拂 面 过; 三 呀 么 三, 三 山 五 岳 任 我

3 0 3 2 | 1. 2 1 6 | 1 0 | X 0 | X X 0 | 5. 5 3 6 |
乐; } 四 海 为 家, 嗨 嗨嗨 哪 里 有
去;

1 0 | 5. 5 3 6 | 1 0 | 5. 5 3 2 | X 0 |
我, 哪 里 有 我, 哪 里 就 有 一

X 0 | X 0 | X 0 | X X | X X | X. X X | X 0 |
二 三 四, 一 二 三 四, 一 二 三 四!

5 6. 6 | 5 0 | 5 - | 5 - | 5 - | 5 - |
战 士 的 歌, 战

6 - | 6 - | 6 - | 6 - | 5 6. 6 | 5 0 |
士 战 士 的 歌。

X 0 | X 0 | X 0 | X 0 | X X | X. 0 | X 0 ‖
一 二 三 四, 一 二 三 四!

到敌人后方去

1=F 2/4

进行曲速度 活泼跳跃

启海 词
冼星海 曲

赢， 两 路 夹 攻 才 能 打 得 胜。 到
省， 我 们 的 旗 帜 插 遍 了 黄 河
东！ 到 敌 人 后 方 去，把 强 盗 赶 出 境，到 敌 人 后 方 去，把
强 盗 赶 出 境， 把 强 盗 赶 出 境！

我和我的祖国

1=C $\frac{6}{8}$ $\frac{9}{8}$

张 黎 词
秦咏诚 曲

克拉玛依之歌

1=♭E $\frac{2}{4}$ $\frac{3}{4}$　　　　吕　远 词曲

稍快　辽阔、热情的新疆维吾尔族民歌风格

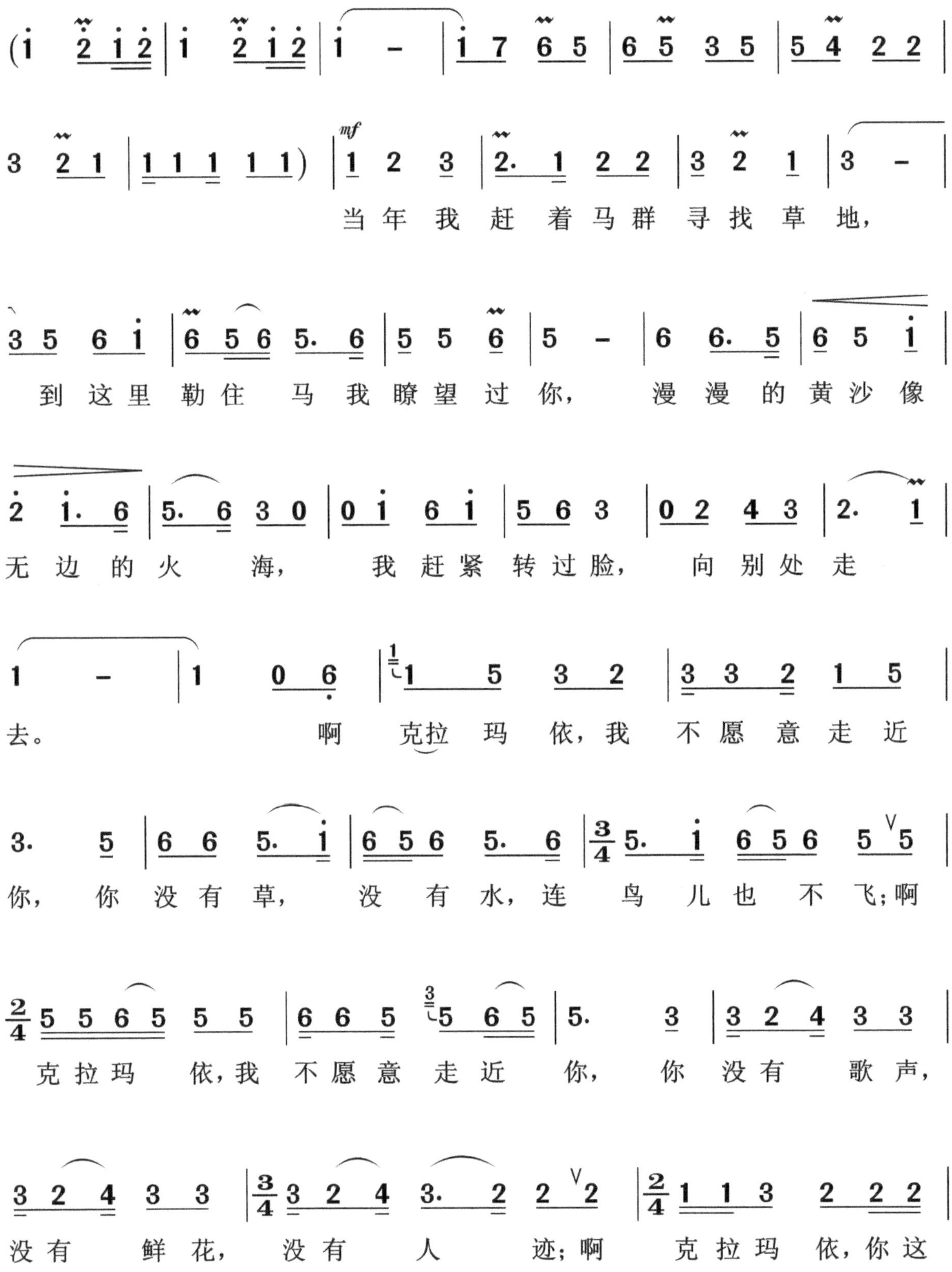

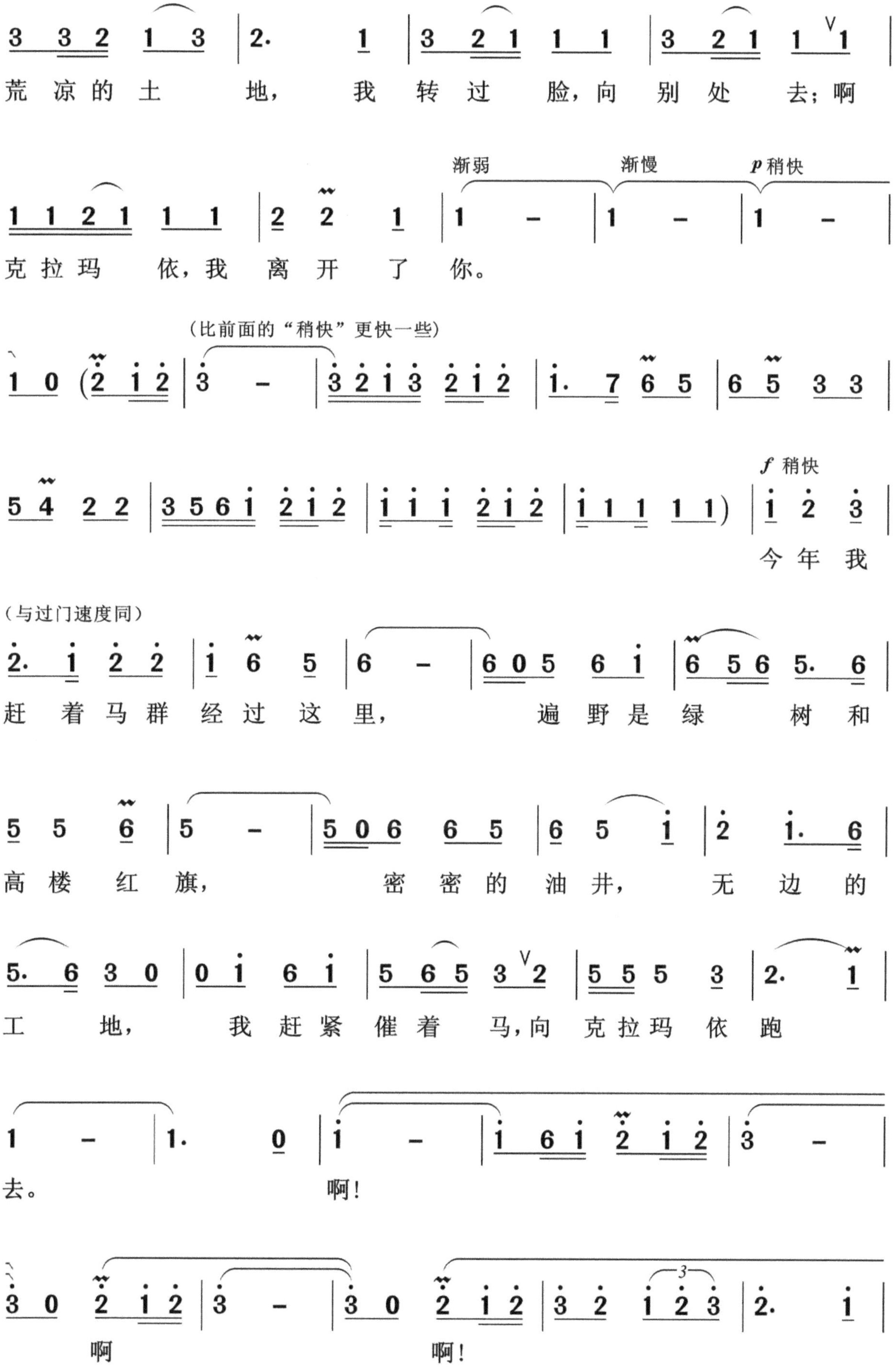

荒凉的土 地， 我 转过 脸，向 别 处 去；啊

克拉玛 依，我 离开 了 你。

（比前面的"稍快"更快一些）

今 年 我

（与过门速度同）

赶 着马群经过 这 里， 遍野是绿 树 和

高楼 红 旗， 密密的油井， 无 边 的

工 地， 我赶紧催着 马，向 克拉玛 依 跑

去。 啊！

啊 啊！

啊　克拉玛　依，我　多么　喜爱

你，　你那　油井像森林，红旗像鲜花，　歌声像海　洋，啊

克拉玛　依，　克拉　玛　依，啊 克拉玛　依，　克拉　玛　依，你

这样　鲜艳，这样　雄伟，　这样　美　丽；啊　克拉玛　依，

克拉　玛　依，啊 克拉玛　依，　克拉　玛　依，我要 歌唱　你，我要

跑近　你，你是　大西北的宝　石，啊　克拉玛　依，　克拉　玛　依啊

渐慢　　　mp 速度自由　　稍快

克拉玛　依，　我爱　你。　　　　　　啊！

啊！

渐弱　　　　　　　　　pp　　　　ppp

啊！

绿叶对根的情意

王　健　词
谷建芬　曲

1=♭B　4/4

♩=63　从容、真挚地

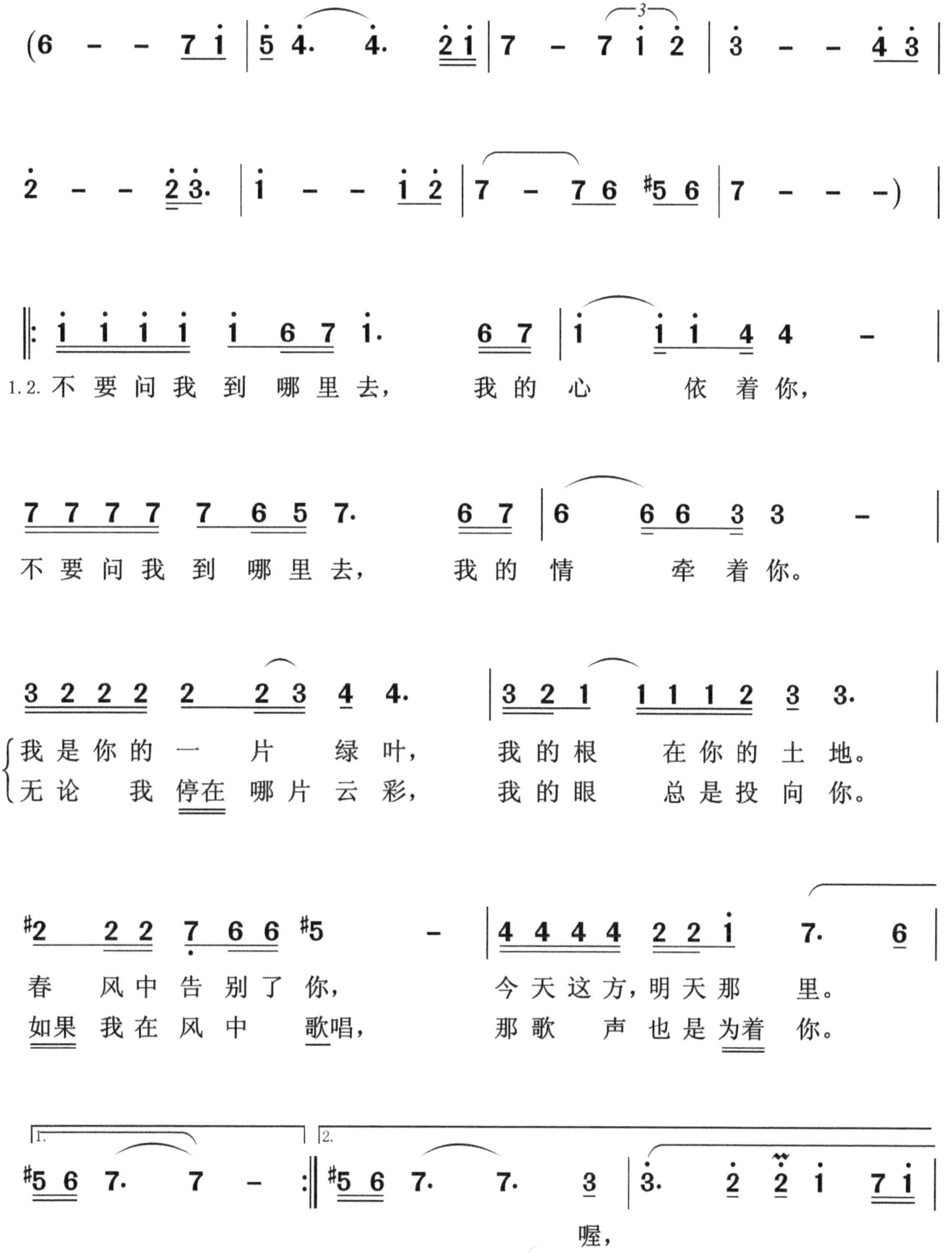

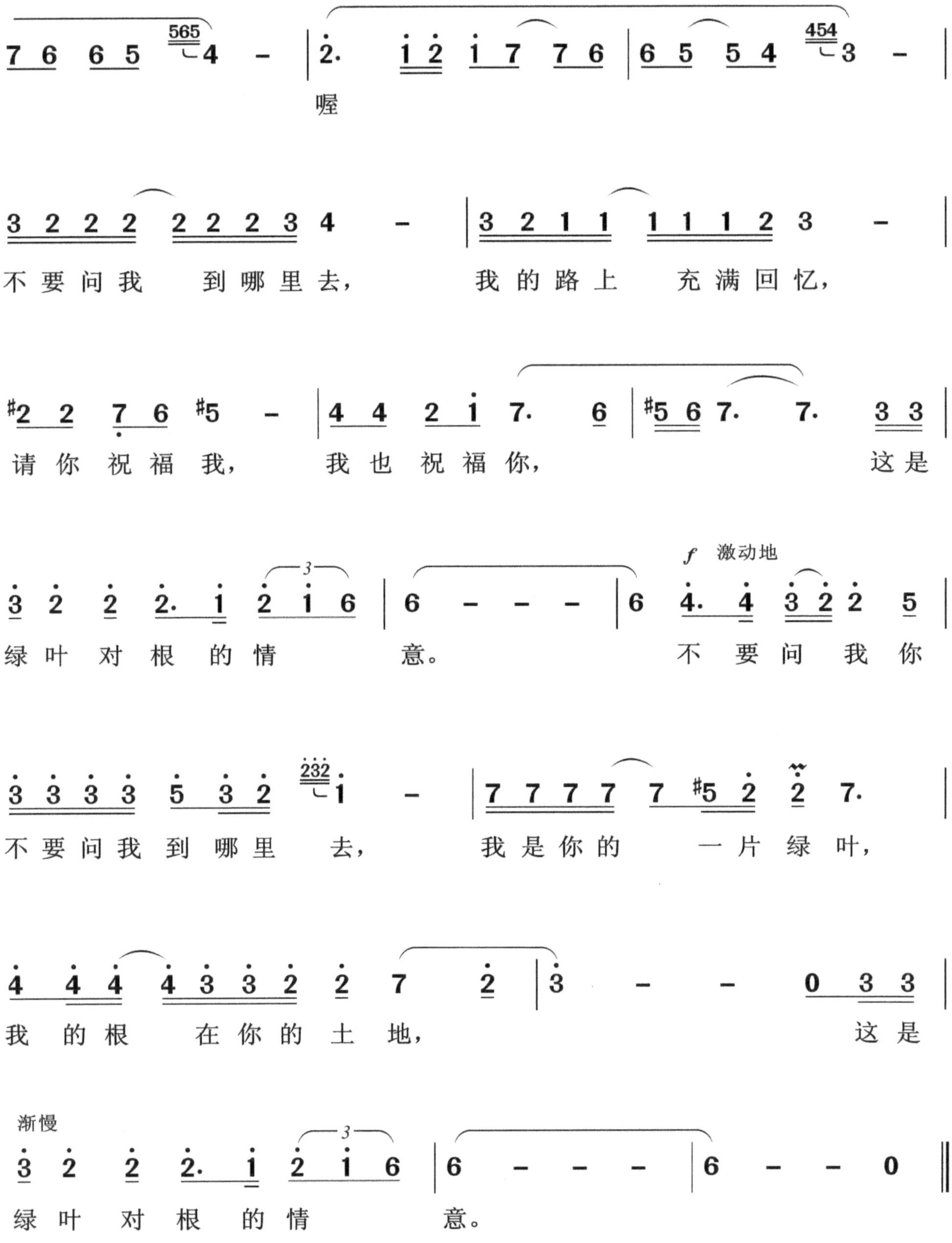

喔
不要问我 到哪里去， 我的路上 充满回忆，
请你祝福我， 我也祝福你， 这是
绿叶 对 根 的 情 意。 不 要 问 我 你
不要问我到哪里 去， 我是你的 一片绿叶，
我 的 根 在你的 土 地， 这是
绿叶 对 根 的 情 意。
f 激动地
渐慢

妈妈教我一支歌

1=G 2/4

中速

杨　涌　词
刘　虹　曲

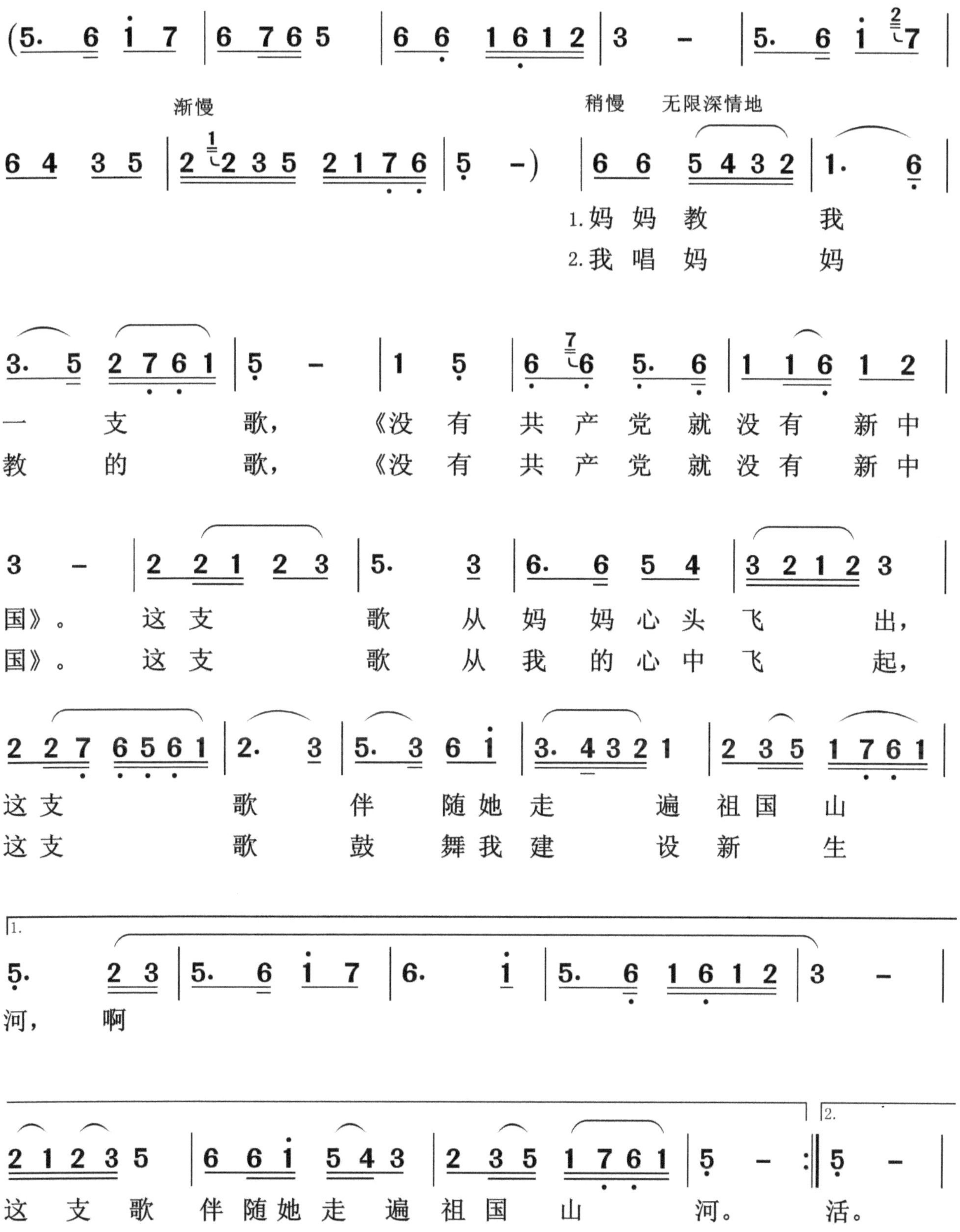

渐慢　　　　　稍慢　无限深情地

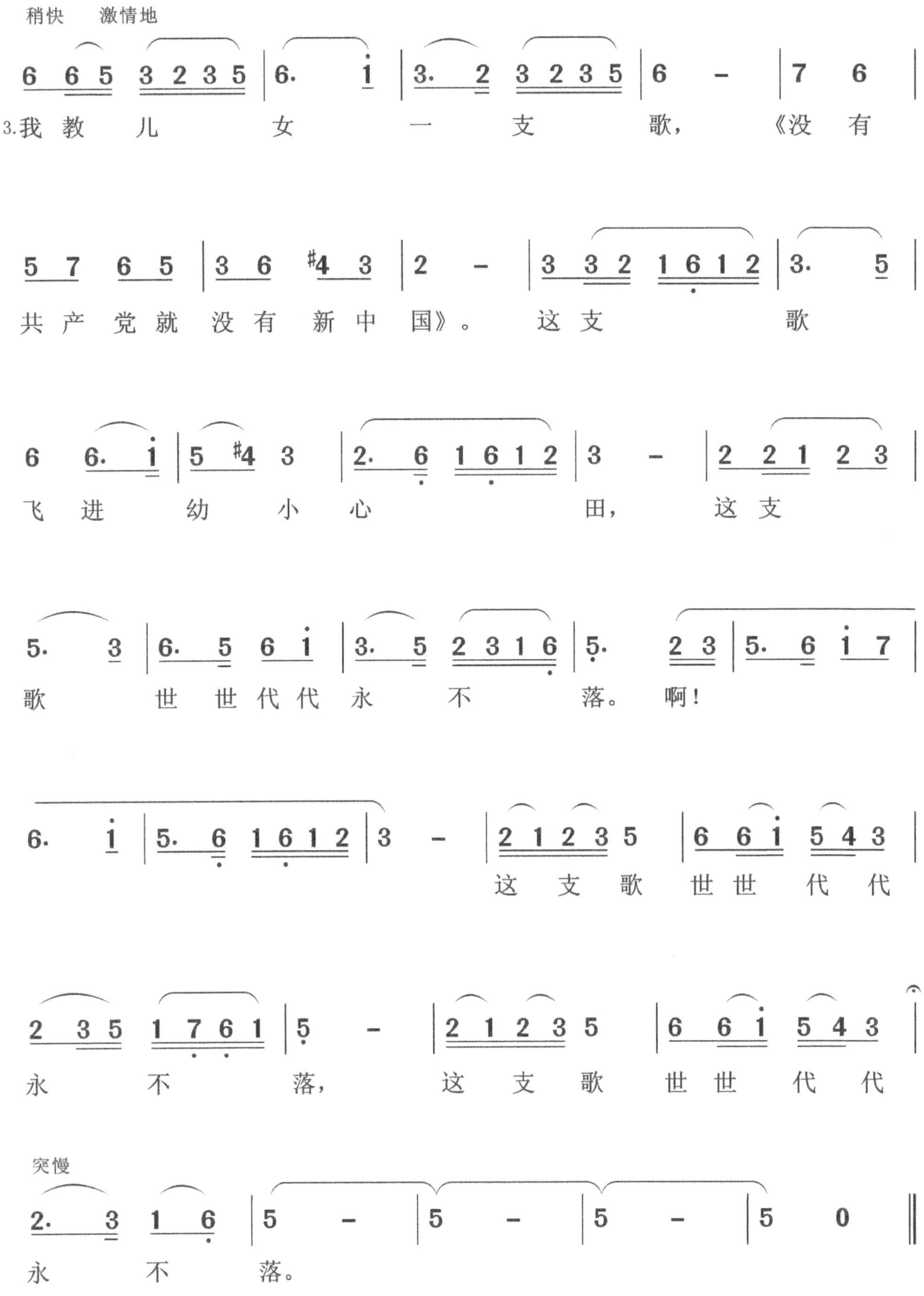

稍快　激情地

| 6 6 5 | 3 2 3 5 | 6. i | 3. 2 3 2 3 5 | 6 - | 7 6 |
3.我 教 儿 女 一 支 歌，《没 有

| 5 7 6 5 | 3 6 #4 3 | 2 - | 3 3 2 1 6 1 2 | 3. 5 |
共 产 党 就 没 有 新 中 国》。 这 支 歌

| 6 6. i | 5 #4 3 | 2. 6 1 6 1 2 | 3 - | 2 2 1 2 3 |
飞 进 幼 小 心 田， 这 支

| 5. 3 | 6. 5 6 i | 3. 5 2 3 1 6 | 5. 2 3 | 5. 6 i 7 |
歌 世 世 代 代 永 不 落。 啊！

| 6. i | 5. 6 1 6 1 2 | 3 - | 2 1 2 3 5 | 6 6 i 5 4 3 |
这 支 歌 世 世 代 代

| 2 3 5 1 7 6 1 | 5 - | 2 1 2 3 5 | 6 6 i 5 4 3 | i |
永 不 落， 这 支 歌 世 世 代 代

突慢

| 2. 3 1 6 | 5 - | 5 - | 5 - | 5 0 ‖
永 不 落。

打起手鼓唱起歌

1=E 2/4 3/4

韩　伟　词
施光南　曲

中速　热情地

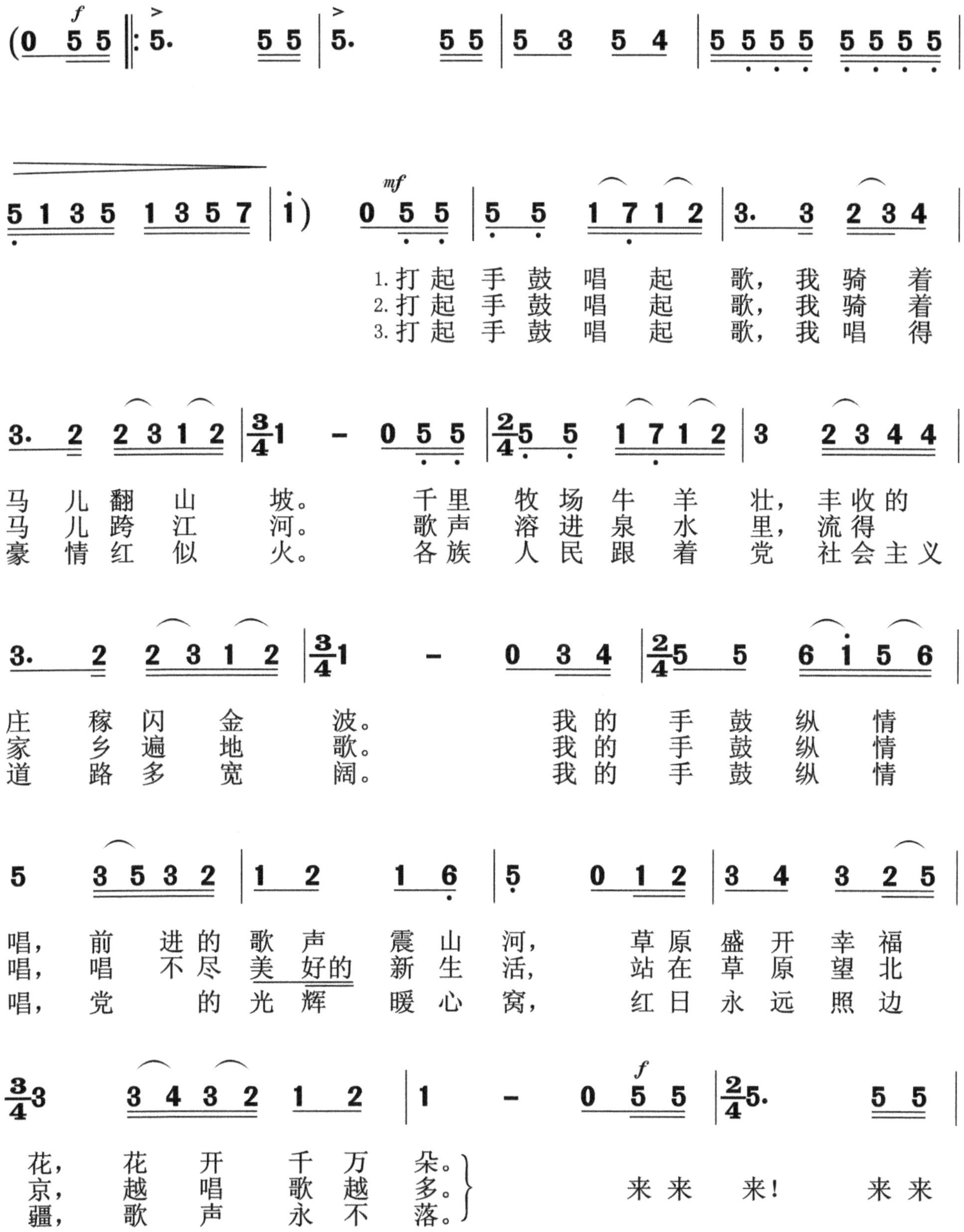

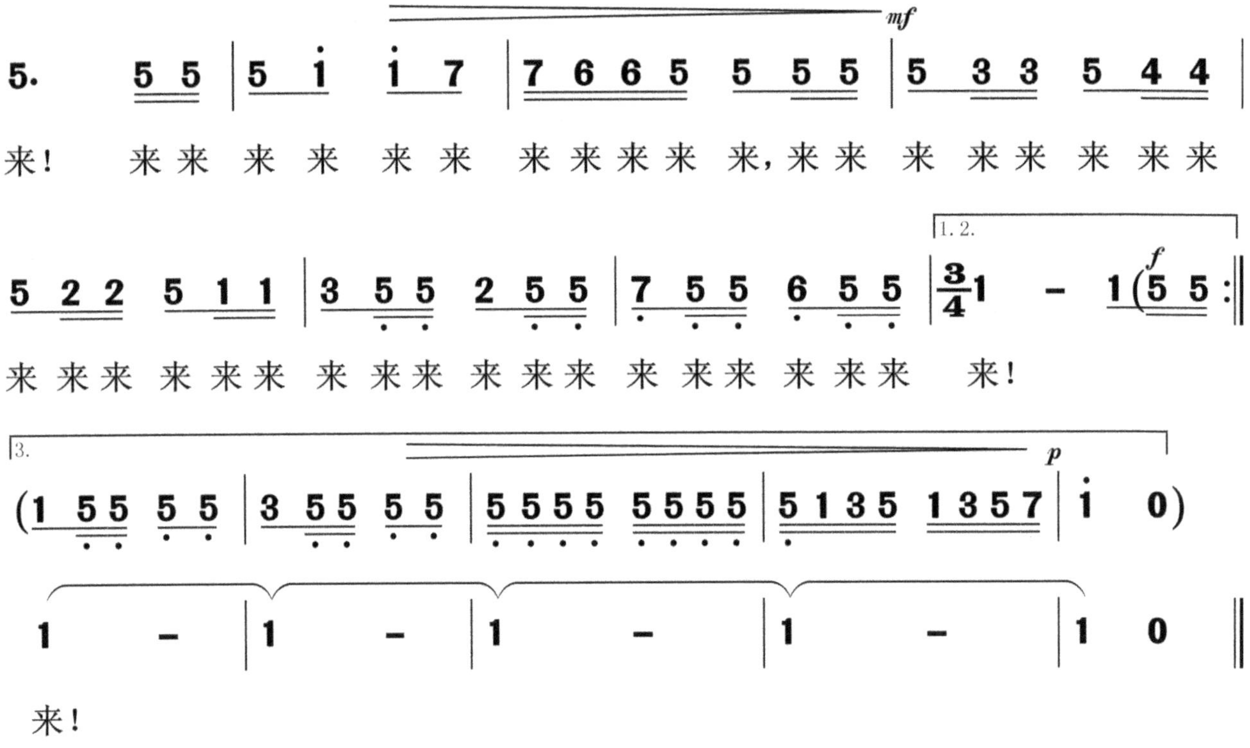

像雾像雨又像风

1=F 2/4

丁晓文 词
哈罗德 曲

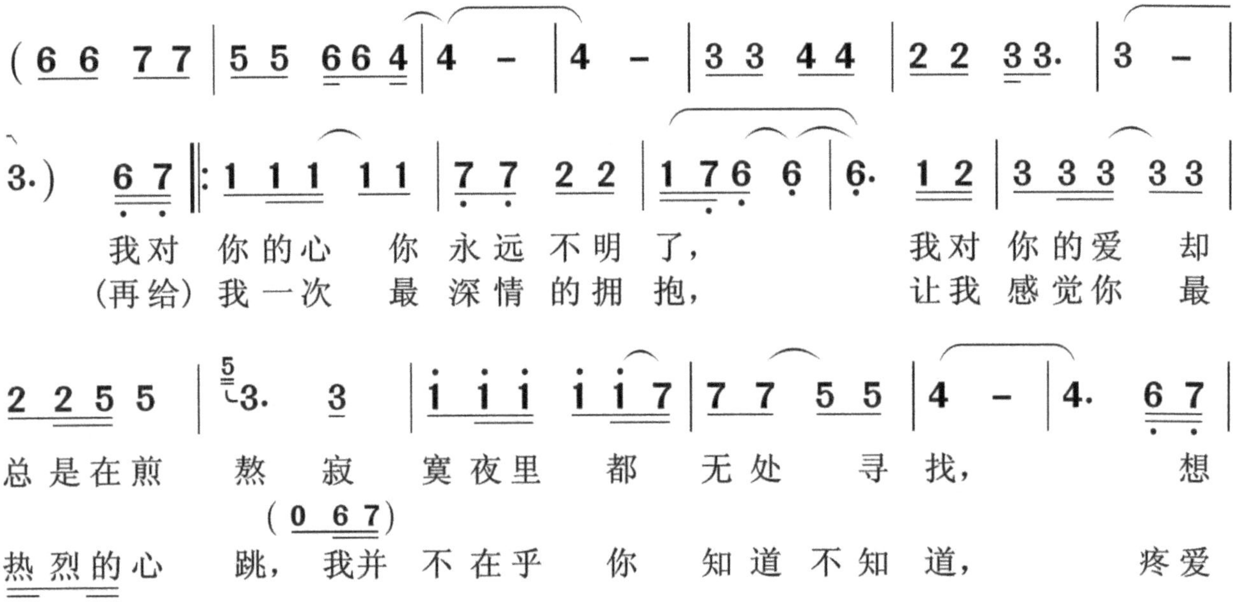

找一个　不变　的依靠。　　　再给　老。　　哈哈
你的心　却永远不会

哈哈，哈哈　　哈哈，哈哈，哈哈，　　哈哈，

哈哈哈哈，　哈哈哈哈，哈，　你对我像雾

像雨又像风，　来来去去　只留下一场空。　　你

对我像雾像雨又像风，　任凭我的　心跟着你翻动。

哈哈，哈哈，哈哈，　再给哈哈。　你D.S.哈哈。　Fine

我终于失去了你

1=G $\frac{2}{4}$

沈光远 词

赵 传 曲

中速

当所有 的人 离开我的 时候， 你劝我 要 耐心等 候， 并且
的人 靠近我的 时候， 你要我 安静从 容， 似乎

陪我度过 生命 中 最长的寒 冬，如此 的宽 容。当所有 安静的心，
知道我有 一颗永不

容易 冲 动。 我终 于让千百 双手在我 面前挥舞， 我 终

于拥有了 千百个 热情的 笑容我终 于让人群 被我 深 深地打动。 我 却

忘了 告诉你，你 一直 在我心 中。 啊！ 我终于失去了你， 在

拥挤的人 群中。 我终于 失去了你， 当我的 人生第一次

感到 光荣。 啊！ 感到 光 荣。 当四 周掌声如 潮水一

般的 汹涌， 我 见到你眼中 有 伤心的 泪光闪动。

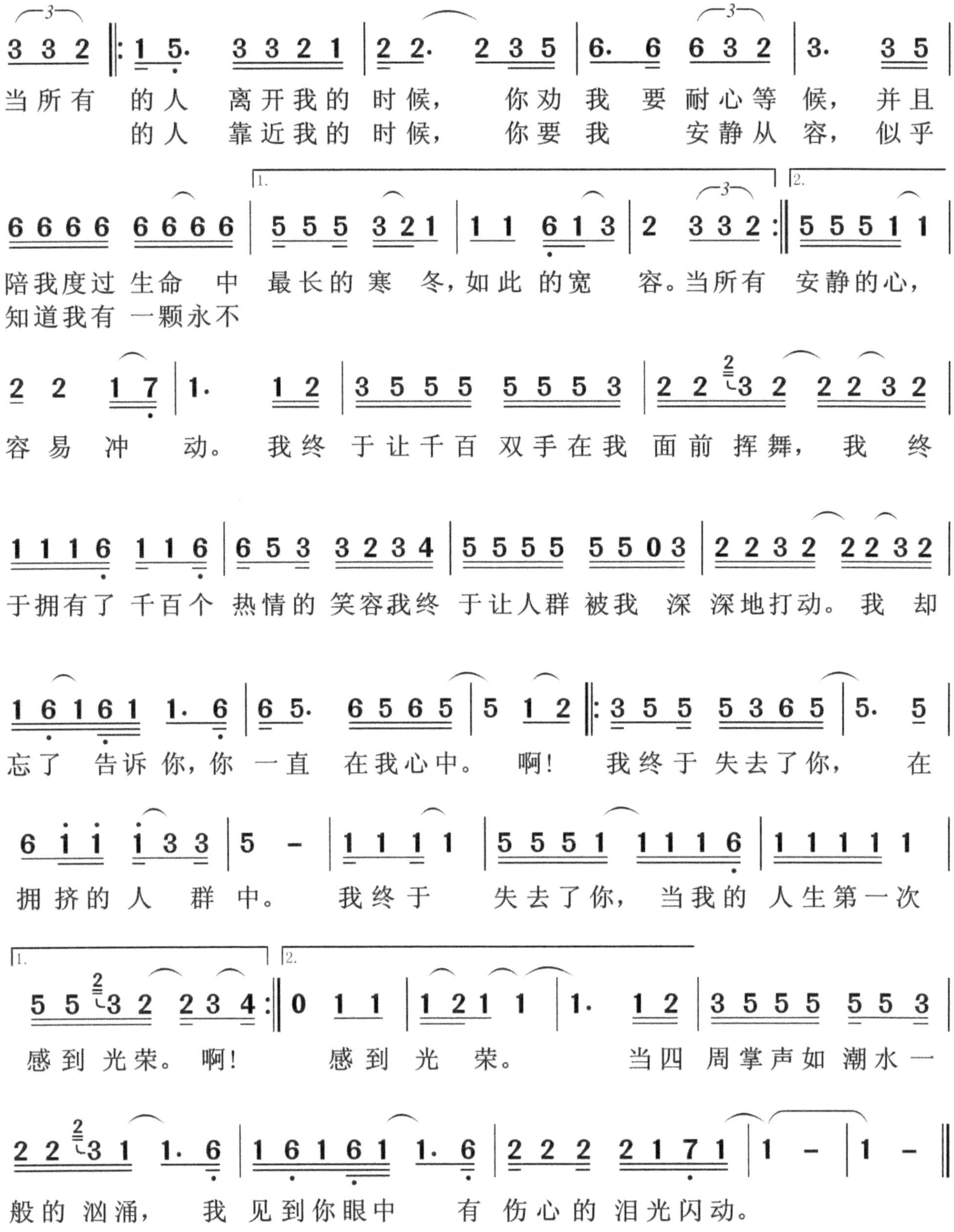

我是一只小小鸟

1=B 4/4

李宗盛 词曲

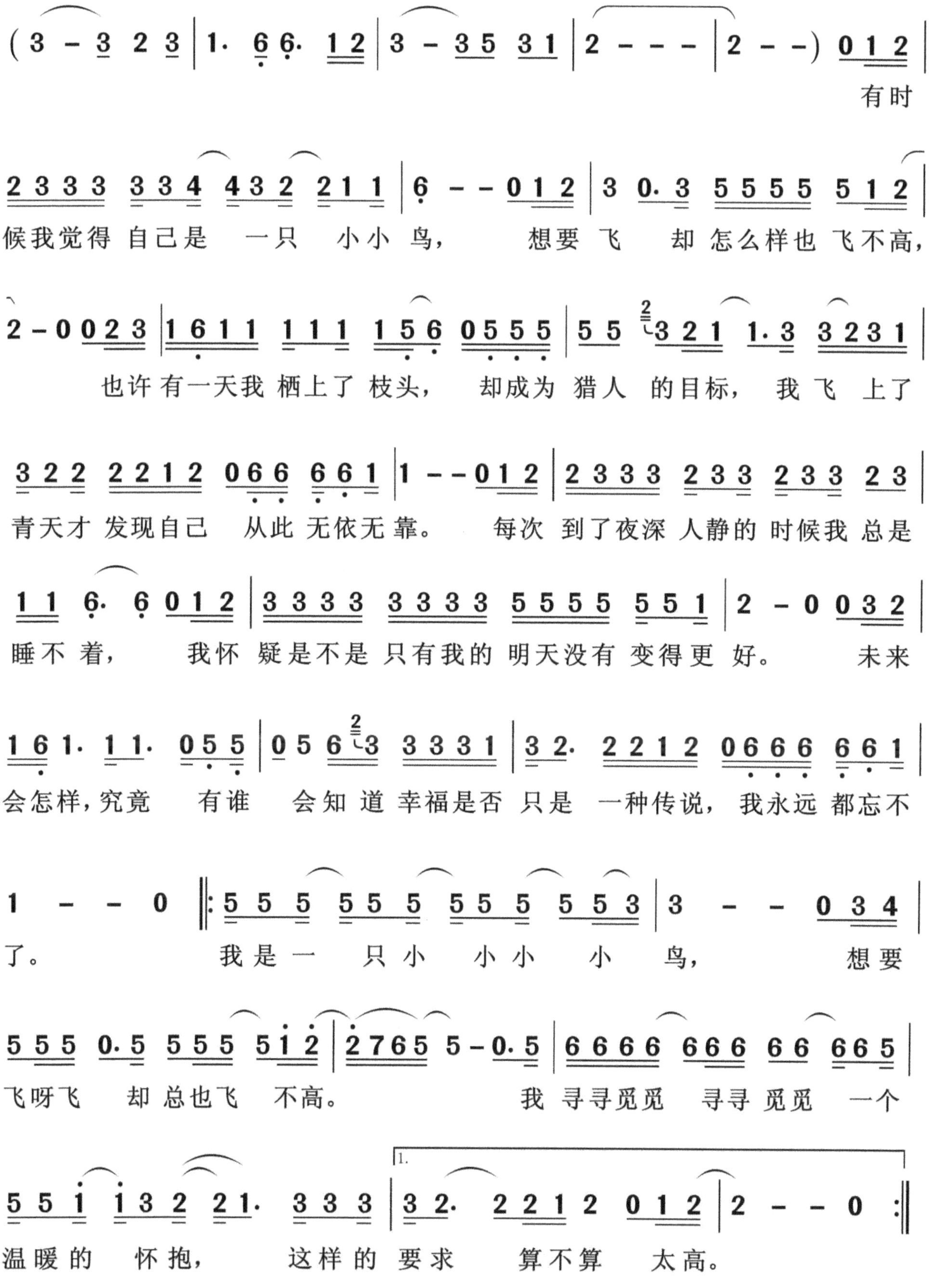

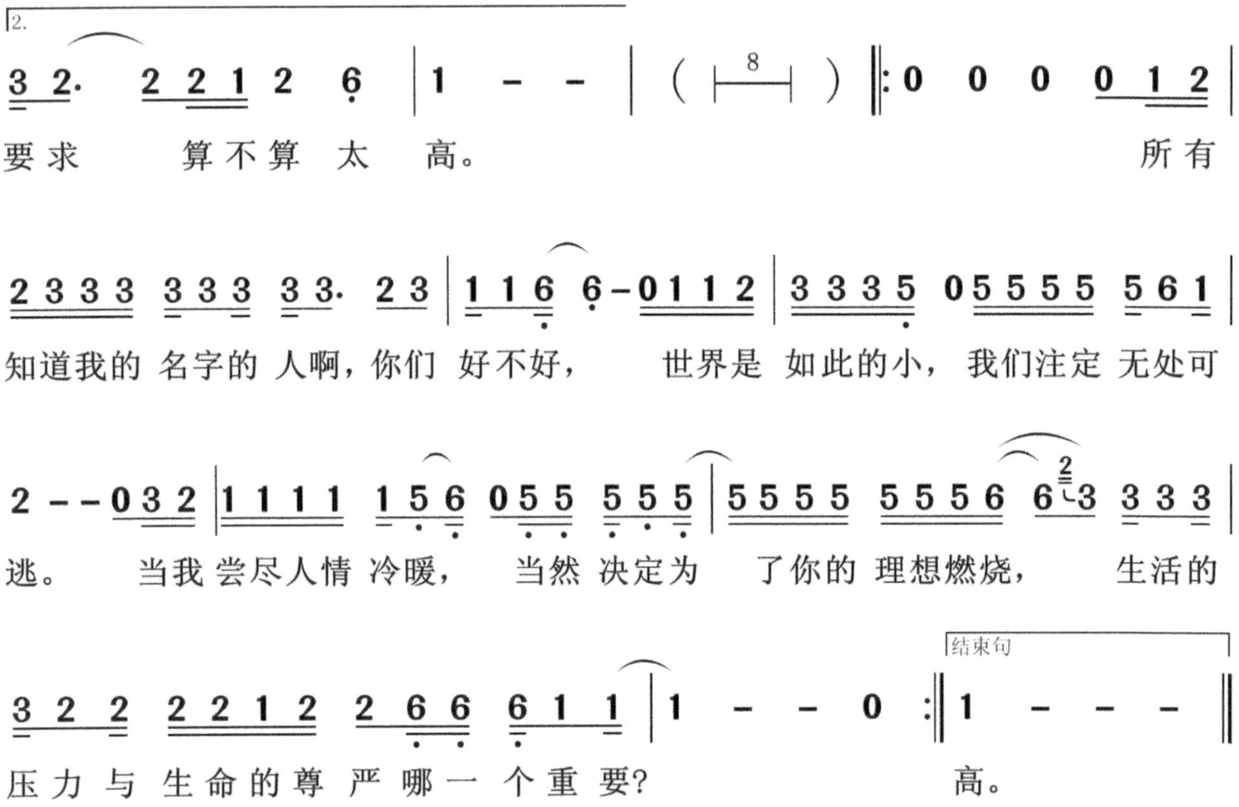

要求 算不算太 高。 所有
知道我的 名字的 人啊，你们 好不好， 世界是 如此的小， 我们注定 无处可
逃。 当我 尝尽人情 冷暖， 当然 决定为 了你的 理想燃烧， 生活的
压力 与 生命的尊 严哪一 个重 要? 高。
结束句

一场游戏一场梦

1=F 4/4

王文清 词曲

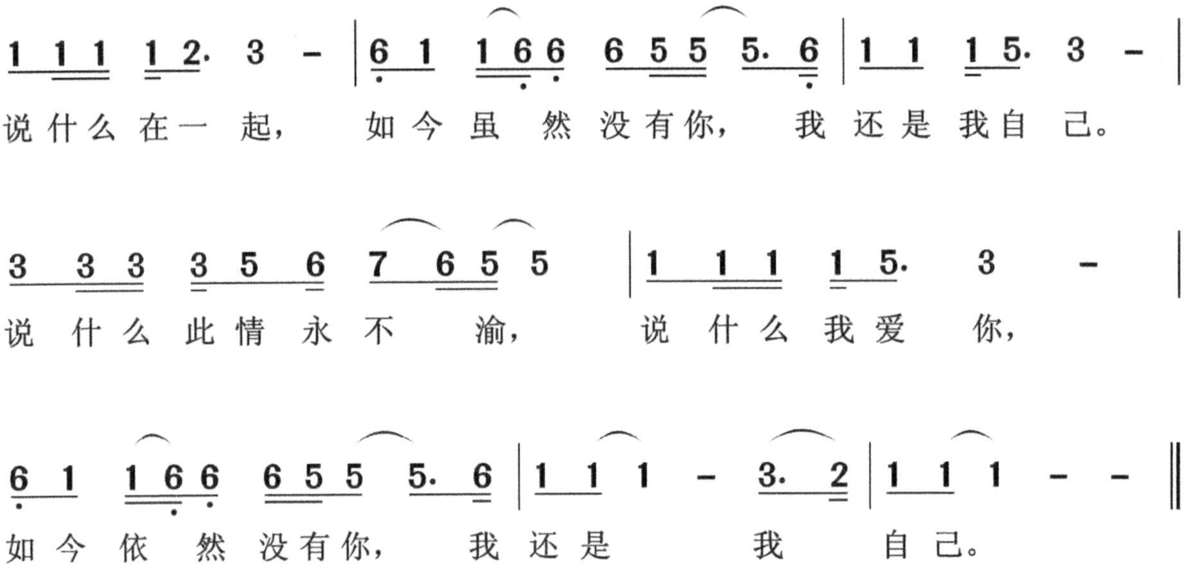

一千个伤心的理由

1=♭B 4/4

邢增华　词
李偲菘　曲

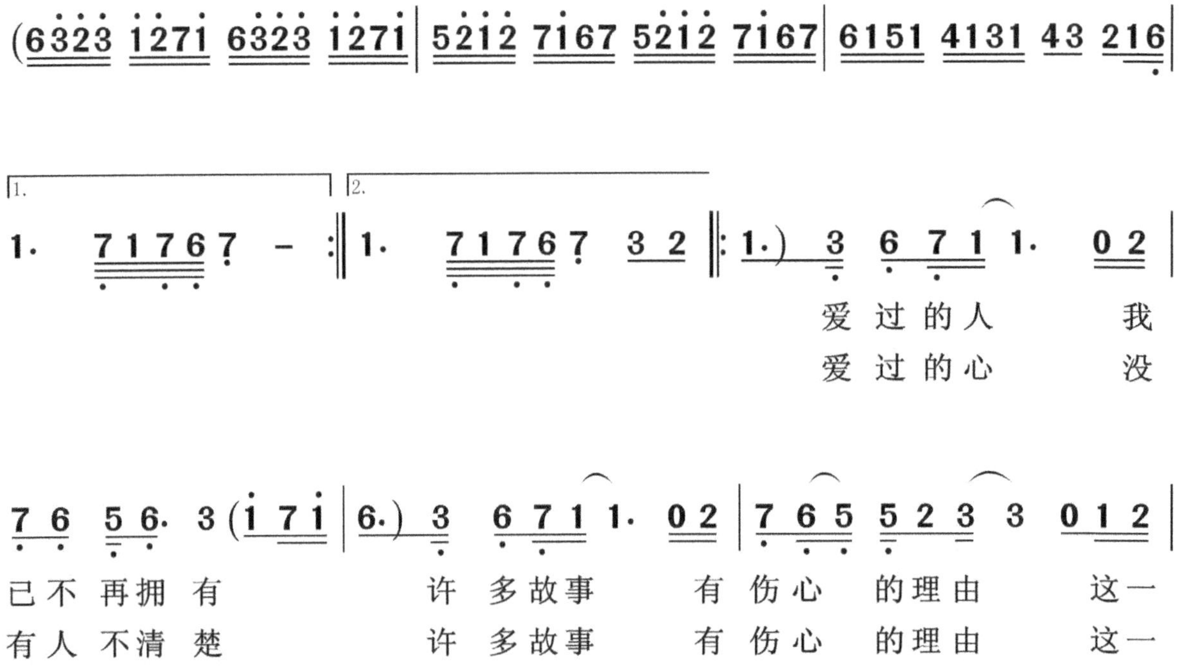

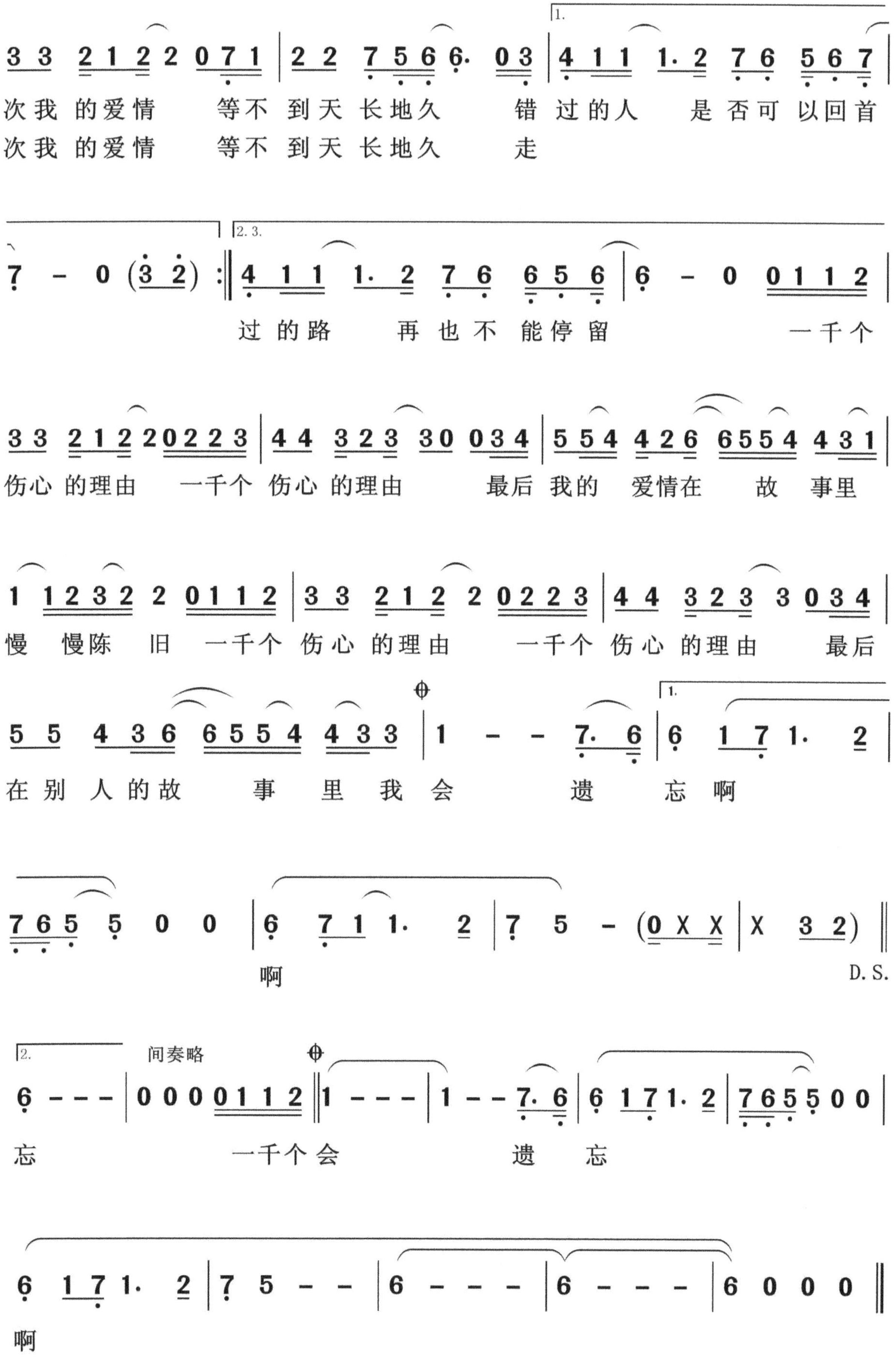

3 3 2 1 2 2 0 7 1 | 2 2 7 5 6 6. 0 3 | 4 1 1 1. 2 7 6 5 6 7
次我 的爱情 等不 到天 长地久 错过的人 是否可 以回首
次我 的爱情 等不 到天 长地久 走

7 - 0 (3 2) : 4 1 1 1. 2 7 6 6 5 6 | 6 - 0 0 1 1 2
过的路 再也不 能停留 一千个

3 3 2 1 2 2 0 2 2 3 | 4 4 3 2 3 3 0 0 3 4 | 5 5 4 4 2 6 6 5 5 4 4 3 1
伤心的理由 一千个 伤心 的理由 最后我的 爱情在 故 事里

1 1 2 3 2 2 0 1 1 2 | 3 3 2 1 2 2 0 2 2 3 | 4 4 3 2 3 3 0 3 4
慢 慢陈 旧 一千个 伤心 的理由 一千个 伤心 的理由 最后

5 5 4 3 6 6 5 5 4 4 3 3 | 1 - - 7. 6 | 6 1 7 1. 2
在别 人的故 事 里我 会 遗 忘 啊

7 6 5 5 0 0 | 6 7 1 1. 2 7 5 - (0 X X | X 3 2) ‖
啊
D. S.

6 - - - | 0 0 0 0 1 1 2 | 1 - - - | 1 - - 7. 6 | 6 1 7 1. 2 | 7 6 5 5 0 0
忘 一千个会 遗 忘

6 1 7 1. 2 | 7 5 - - | 6 - - - | 6 - - - | 6 0 0 0 ‖
啊
间奏略

美丽的草原我的家

1=F 2/4

火　华 词
阿拉腾奥勒 曲

中速　赞美地

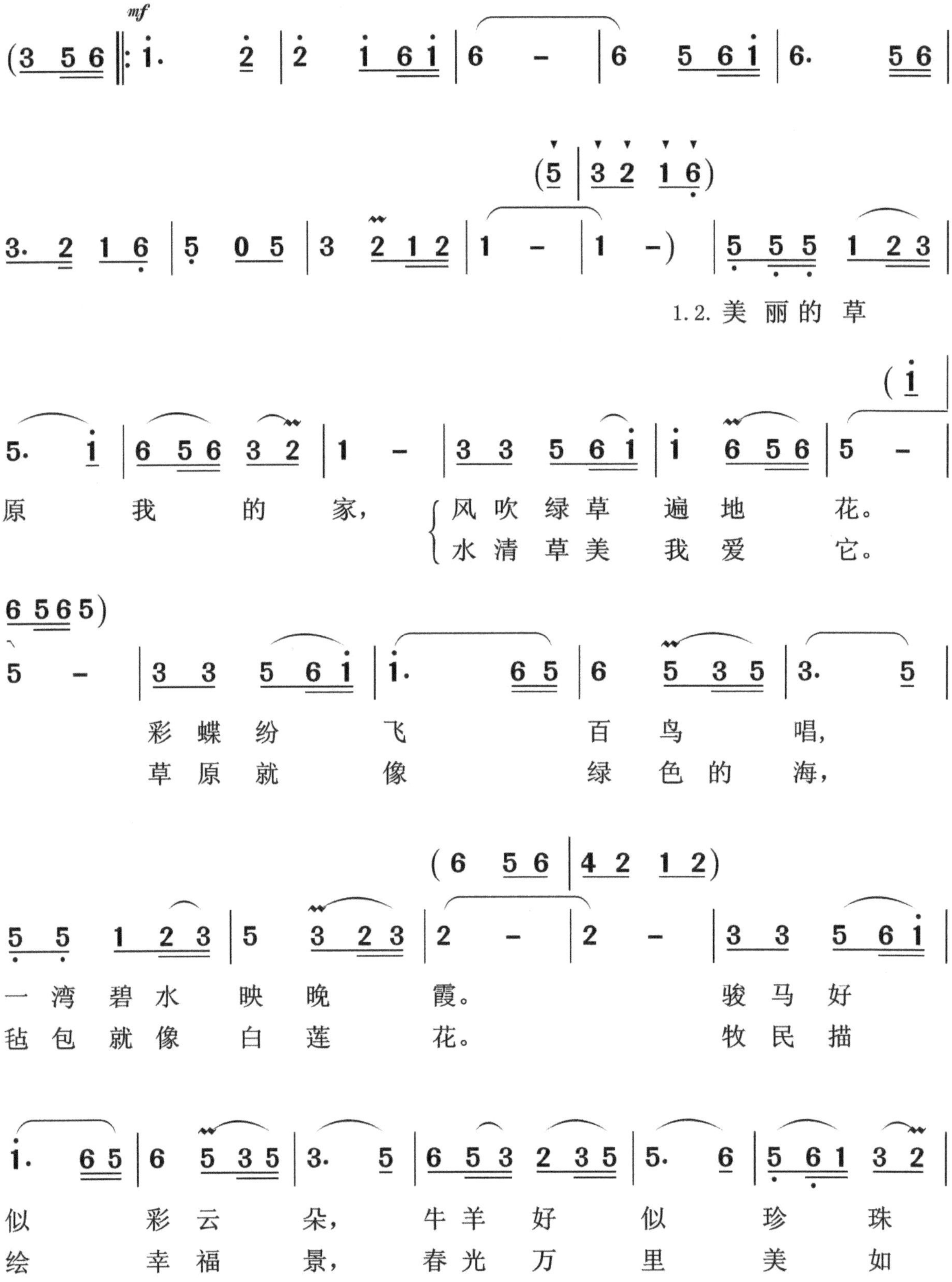

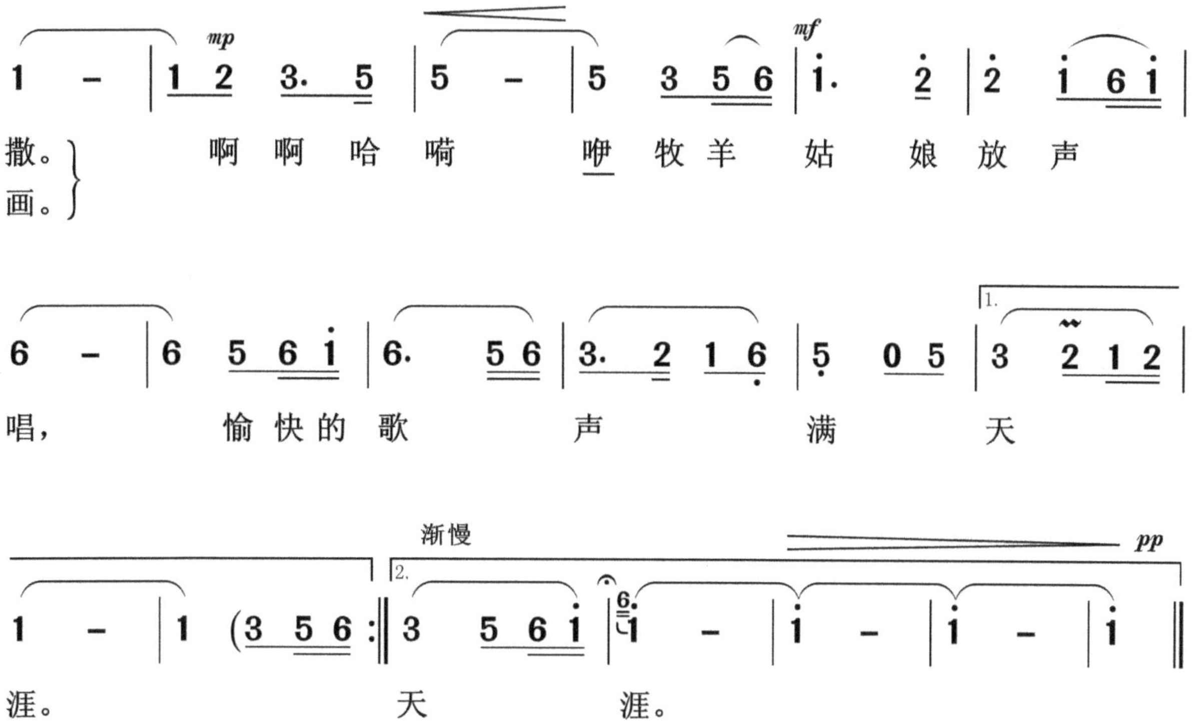

撒。
画。
啊 啊 哈 嗬 咿 牧羊 姑 娘 放 声
唱，
愉 快 的 歌 声 满 天
涯。
渐慢
天 涯。
mp
mf
pp

风中有朵雨做的云

1=C 4/4

李安修 词曲

♩=104

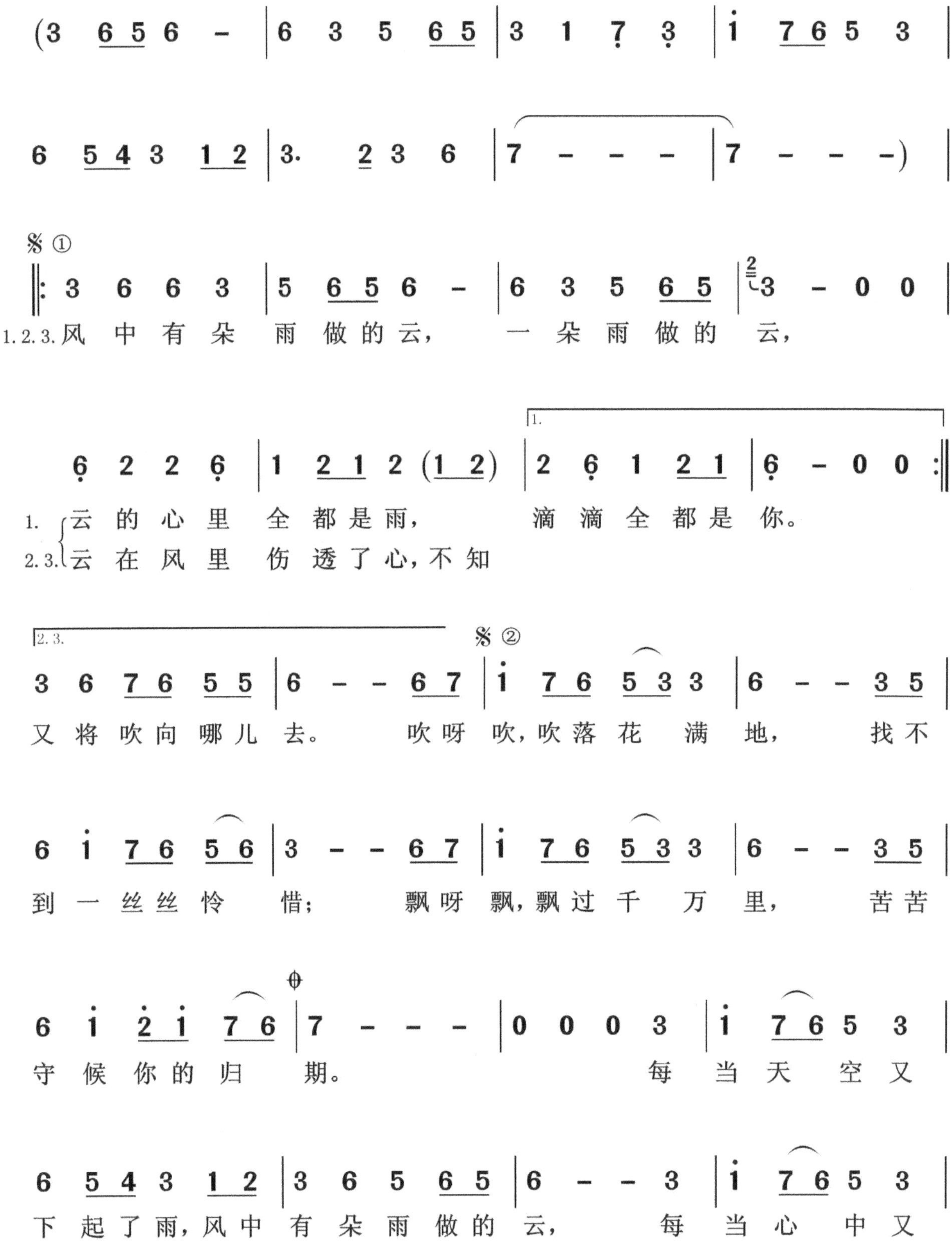

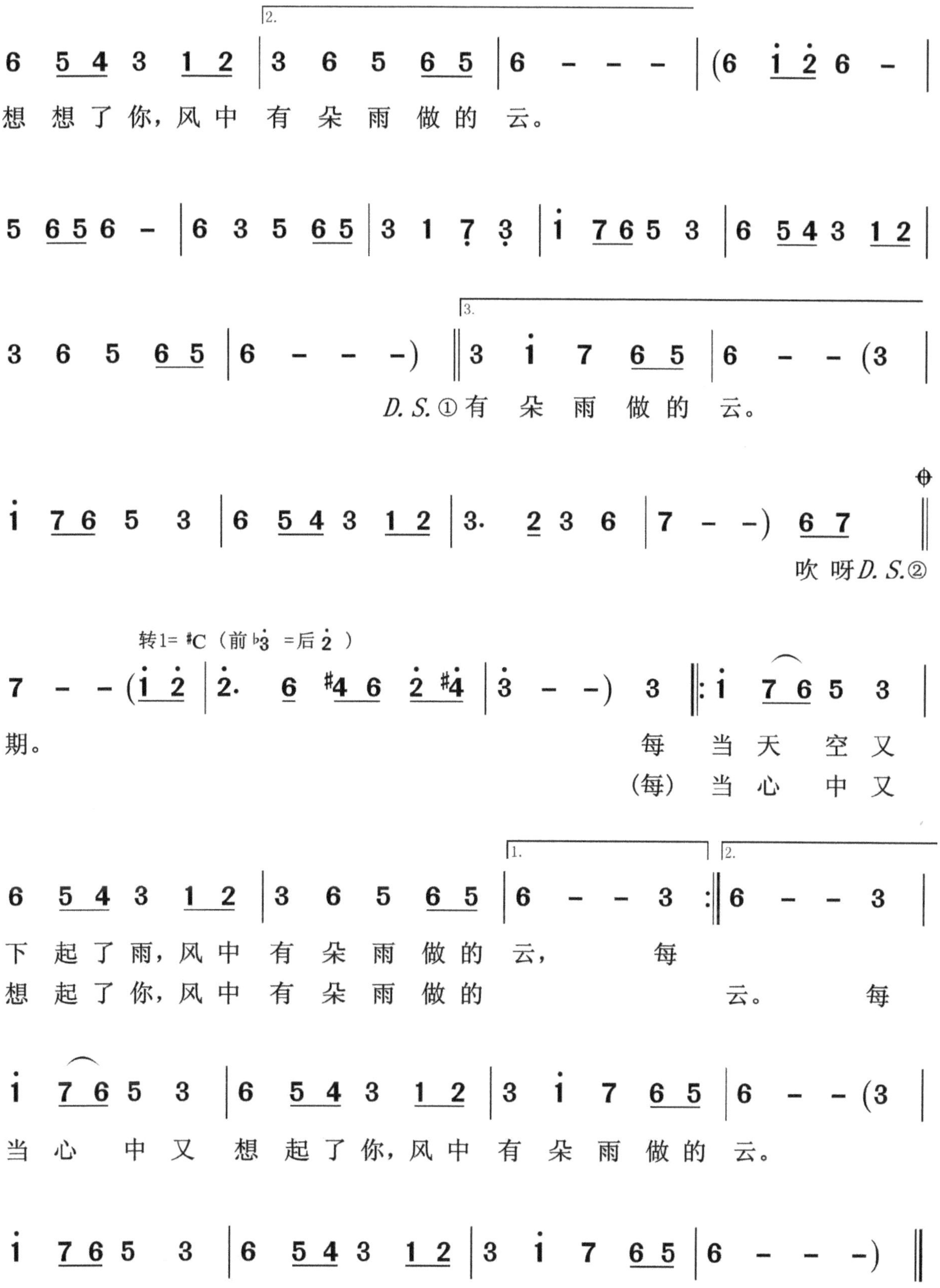

想 想了你，风中有朵雨做的云。
D. S.① 有 朵 雨 做 的 云。
吹 呀 D. S.②
转1= ♯C（前♭3̣=后2̇）
期。
每 当 天 空 又
（每）当 心 中 又
下 起 了 雨，风中有朵雨做的云， 每
想 起 了 你，风中有朵雨做的 云。 每
当 心 中 又 想起了你，风中有朵雨做的云。

注：⊕－⊕在D. S. ②之后用。

年轻的朋友来相会

1=F 4/4 3/4 2/4

中速 亲切而兴奋地

张枚同 词
谷建芬 曲

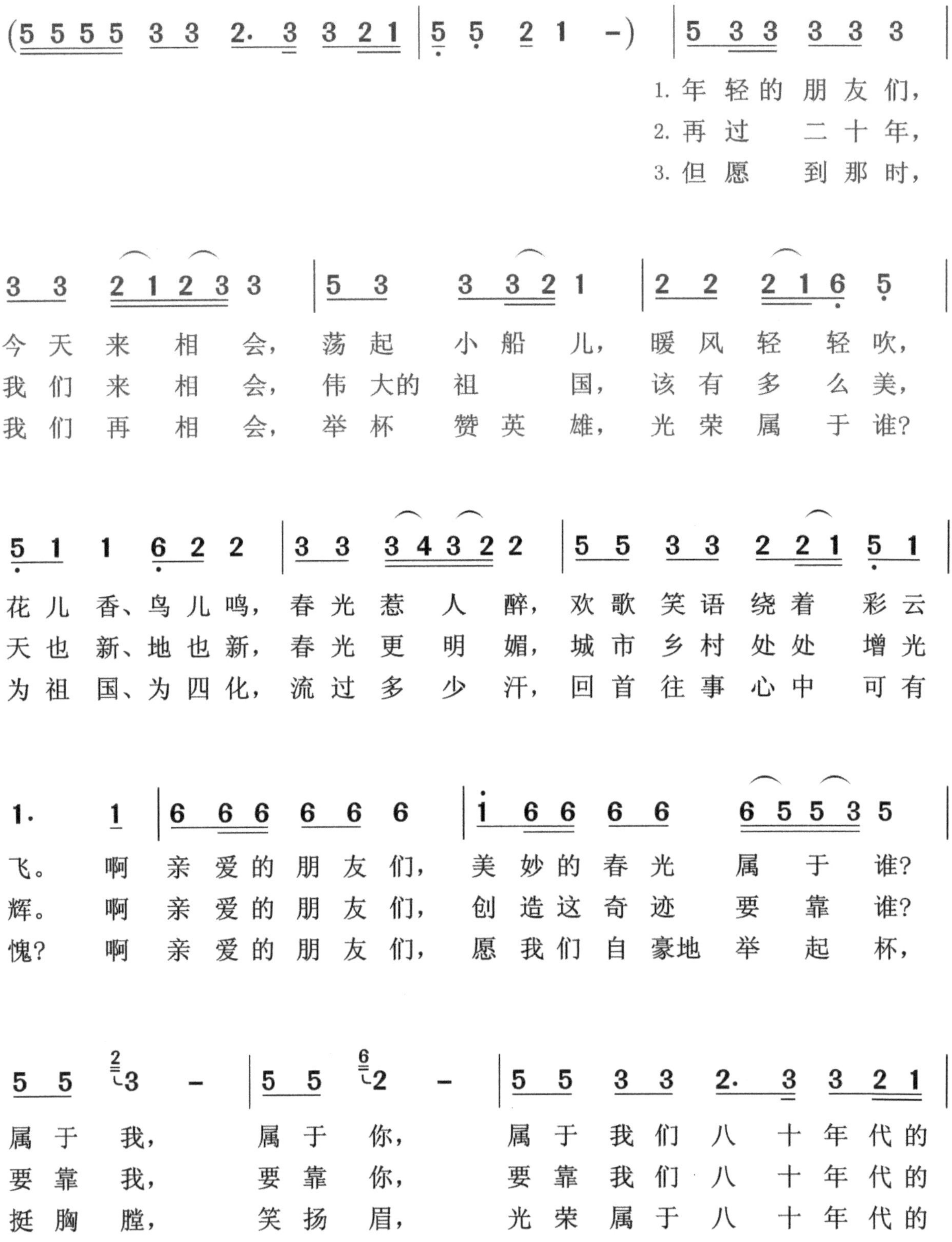

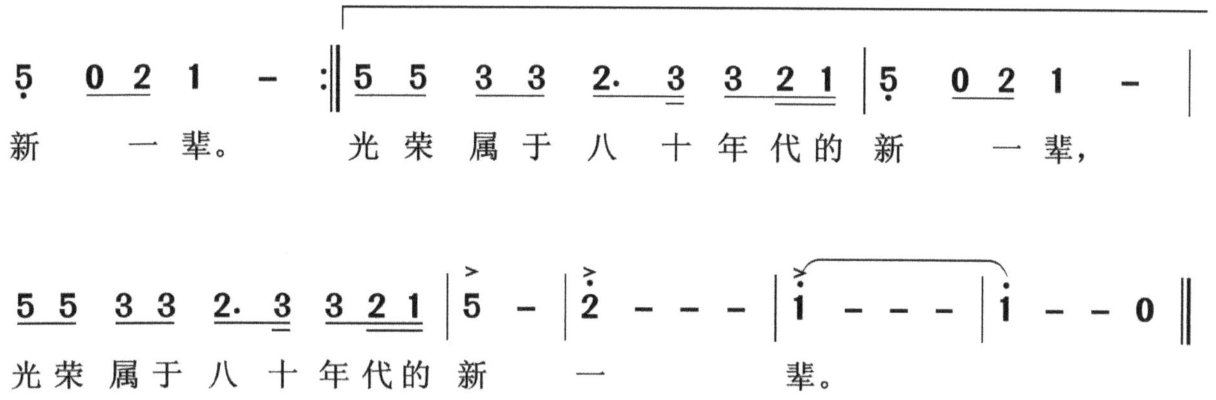

在那桃花盛开的地方

邬大为　魏宝贵　词
石　铁　源　曲

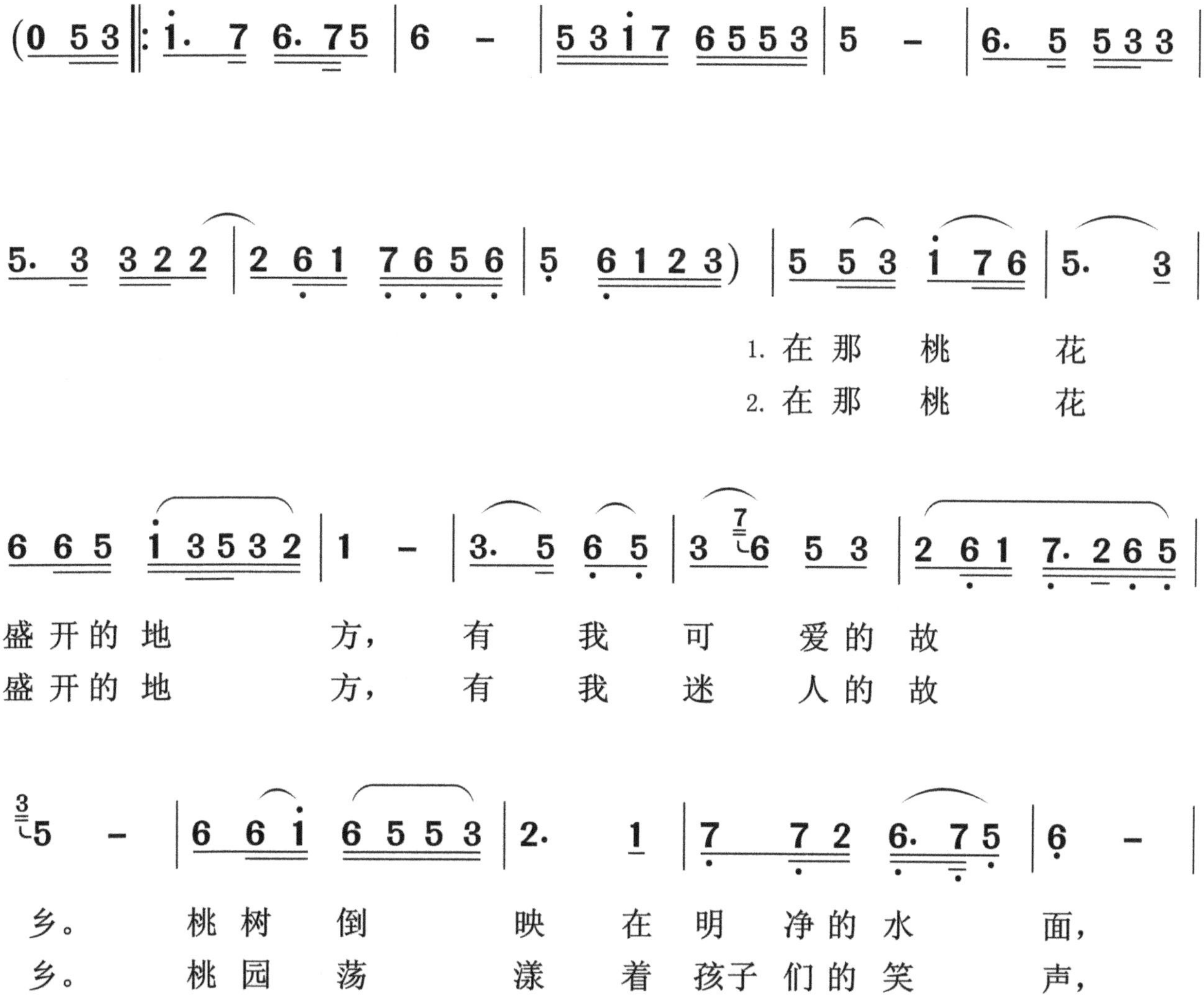

1=C 2/4

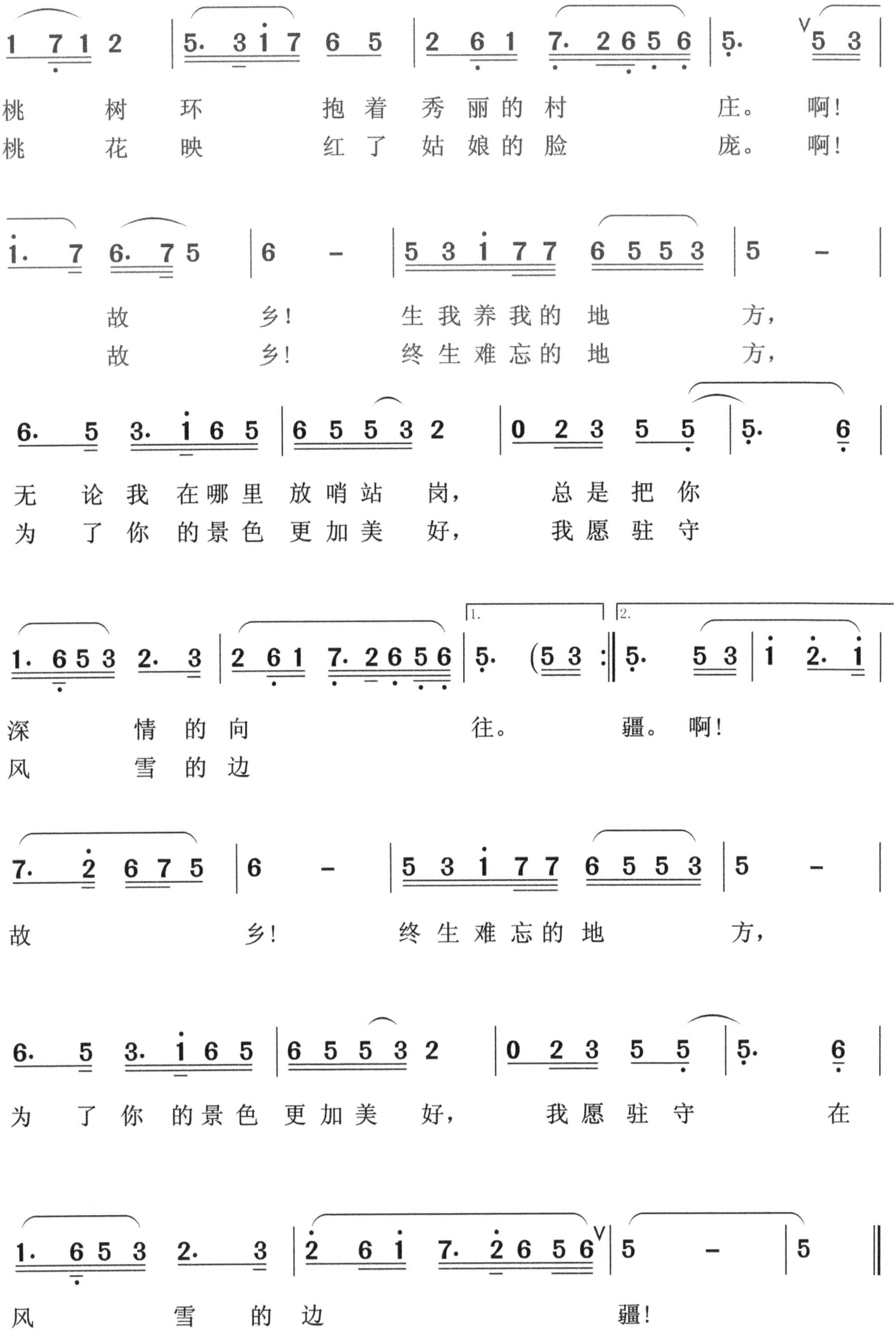

1 7 1 2 | 5. 3 i 7 6 5 | 2 6 1 7. 2 6 5 6 | 5. 5 3
桃 树 环 抱 着 秀 丽 的 村 庄。 啊!
桃 花 映 红 了 姑 娘 的 脸 庞。 啊!

i. 7 6. 7 5 | 6 - | 5 3 i 7 7 6 5 5 3 | 5 -
故 乡! 生 我 养 我 的 地 方,
故 乡! 终 生 难 忘 的 地 方,

6. 5 3. i 1 6 5 | 6 5 5 3 2 | 0 2 3 5 5 | 5. 6
无 论 我 在 哪 里 放 哨 站 岗, 总 是 把 你
为 了 你 的 景 色 更 加 美 好, 我 愿 驻 守

1. 6 5 3 2. 3 | 2 6 1 7. 2 6 5 6 | 5. (5 3 : 5. 5 3 | i 2. i
深 情 的 向 往。 疆。 啊!
风 雪 的 边

7. 2 6 7 5 | 6 - | 5 3 i 7 7 6 5 5 3 | 5 -
故 乡! 终 生 难 忘 的 地 方,

6. 5 3. i 1 6 5 | 6 5 5 3 2 | 0 2 3 5 5 | 5. 6
为 了 你 的 景 色 更 加 美 好, 我 愿 驻 守 在

1. 6 5 3 2. 3 | 2 6 1 7. 2 6 5 6 | 5 - | 5
风 雪 的 边 疆!

最美的还是我们新疆

1=F 4/4

稍慢　愉快、亲切、优美地

马寒冰　词
刘　炽　曲

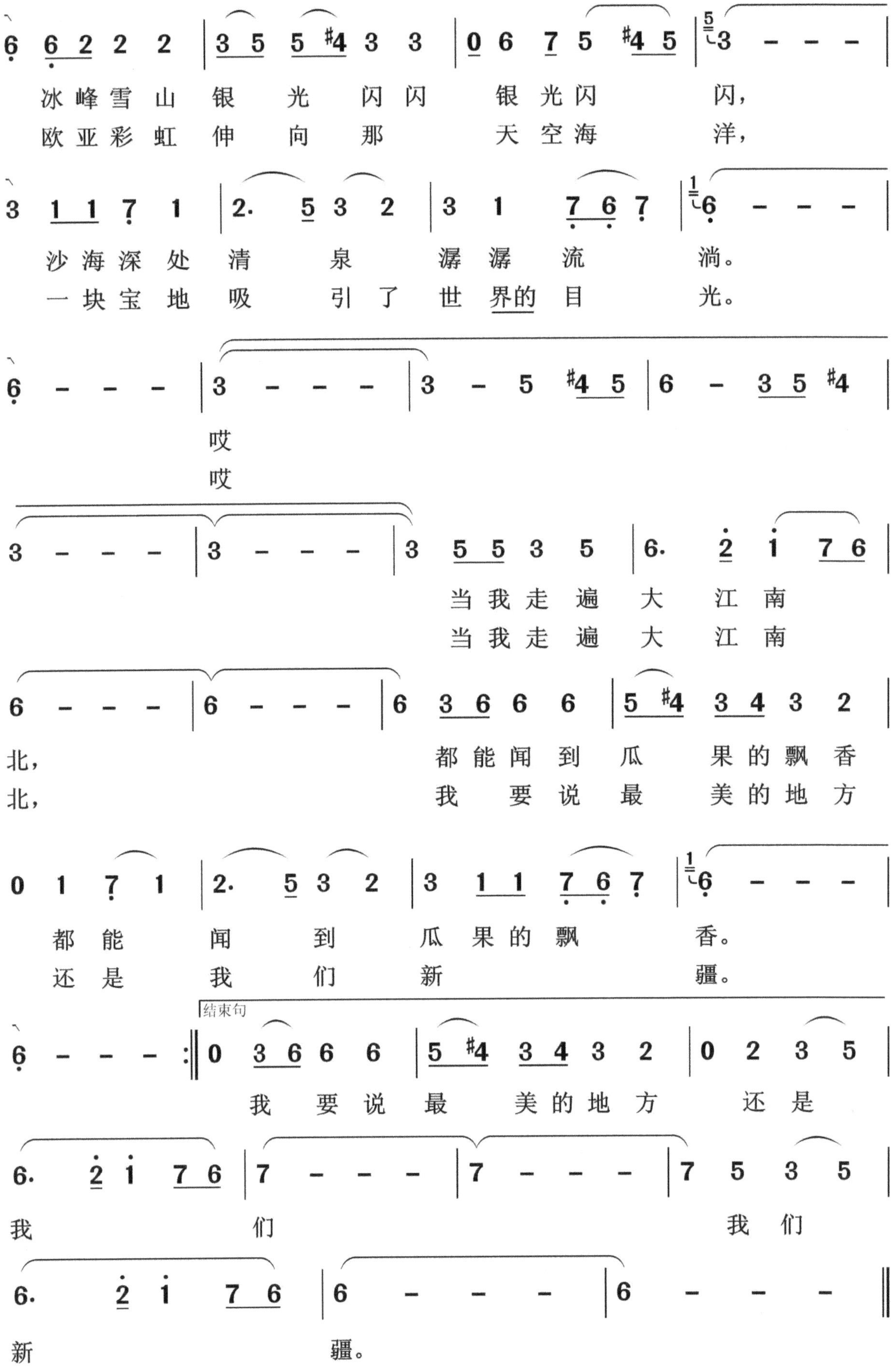

冰峰雪山银光闪闪银光闪闪，
欧亚彩虹伸向那天空海洋，
沙海深处清泉潺潺流淌。
一块宝地吸引了世界的目光。
哎
哎
当我走遍大江南
当我走遍大江南
北，
北，
都能闻到瓜果的飘香
我要说最美的地方
都能闻到瓜果的飘香。
还是我们新疆。
结束句
我要说最美的地方还是
我们我们
新疆。

远方的客人请你留下来

1=♭E 2/4

欢快、抒情地

范　禹　词
金国富　原曲
麦　丁　改编

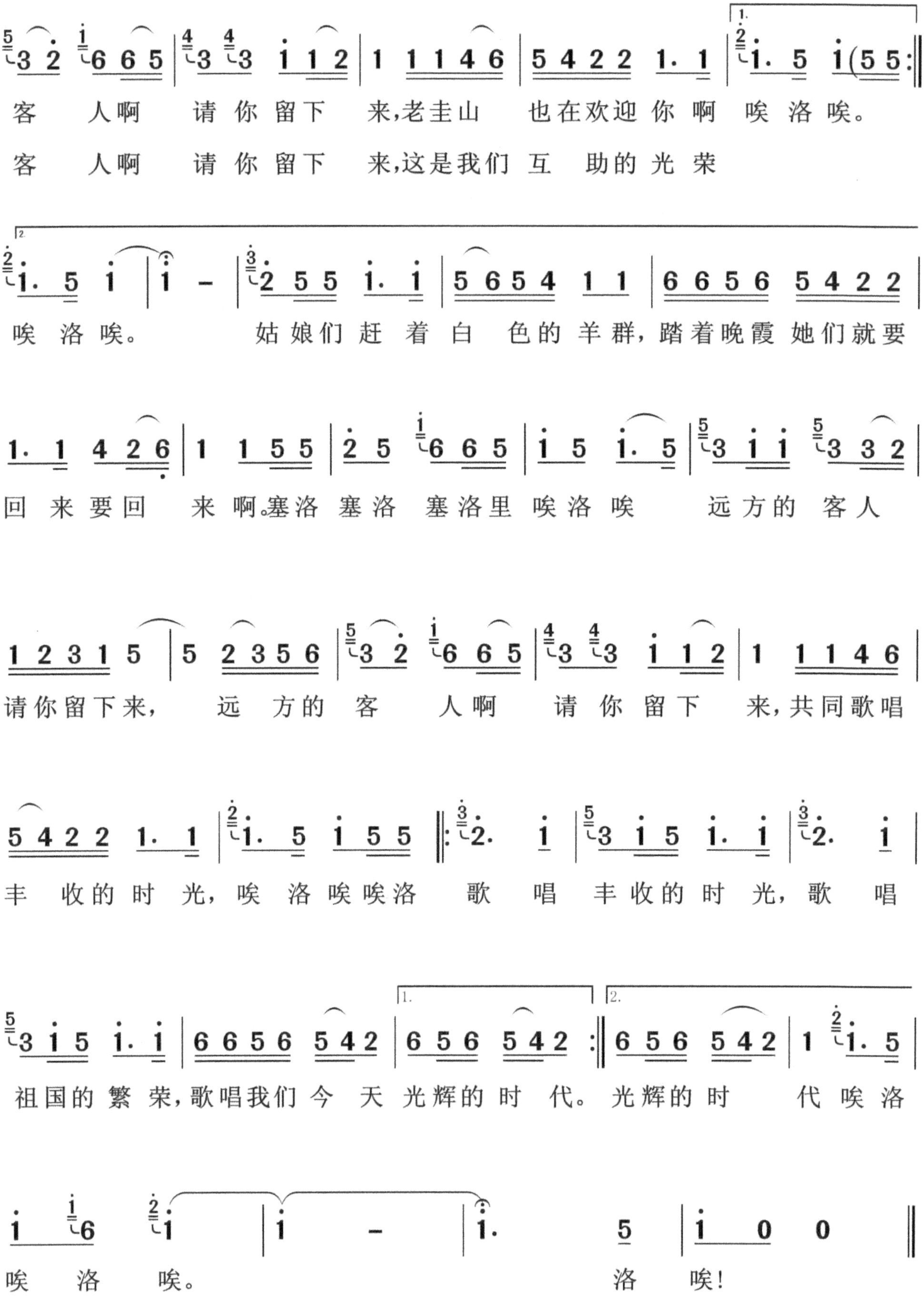

客人啊 请你留下 来,老圭山 也在欢迎你啊 唉洛唉。
客人啊 请你留下 来,这是我们 互 助的光荣
唉 洛 唉。 姑娘们赶着白 色的羊群,踏着晚霞 她们就要
回 来要回 来 啊。塞洛 塞洛 塞洛里 唉洛 唉 远方的 客人
请你留下来, 远 方的 客 人啊 请你留下 来,共同歌唱
丰 收的时 光,唉 洛 唉唉洛 歌 唱 丰 收的时 光,歌 唱
祖国的 繁 荣,歌唱我们今 天 光辉的 时 代。 光辉的 时 代唉洛
唉 洛 唉。 洛 唉!

我爱五指山，我爱万泉河

1=F 2/4

郑 南 词
刘长安 曲

中速

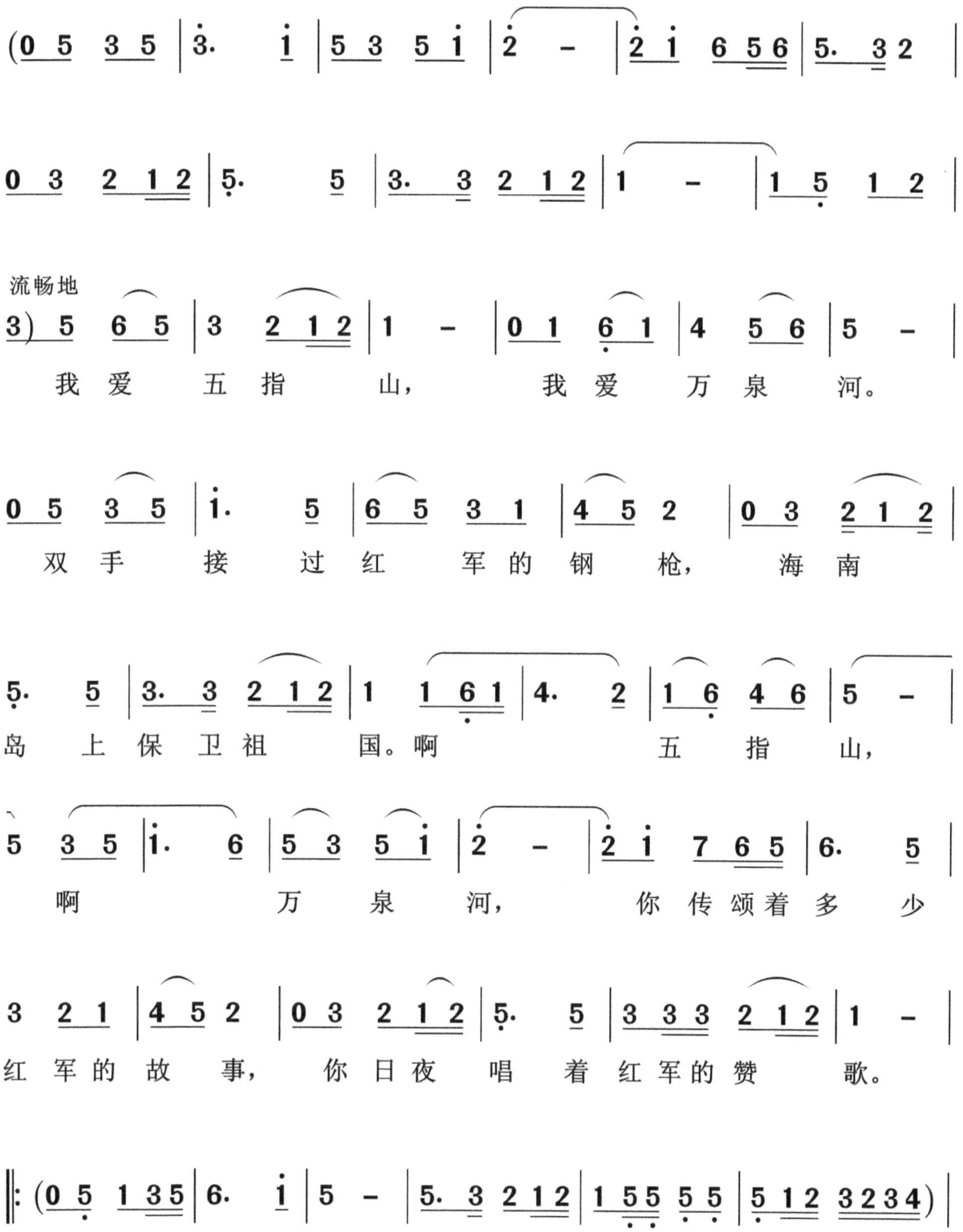

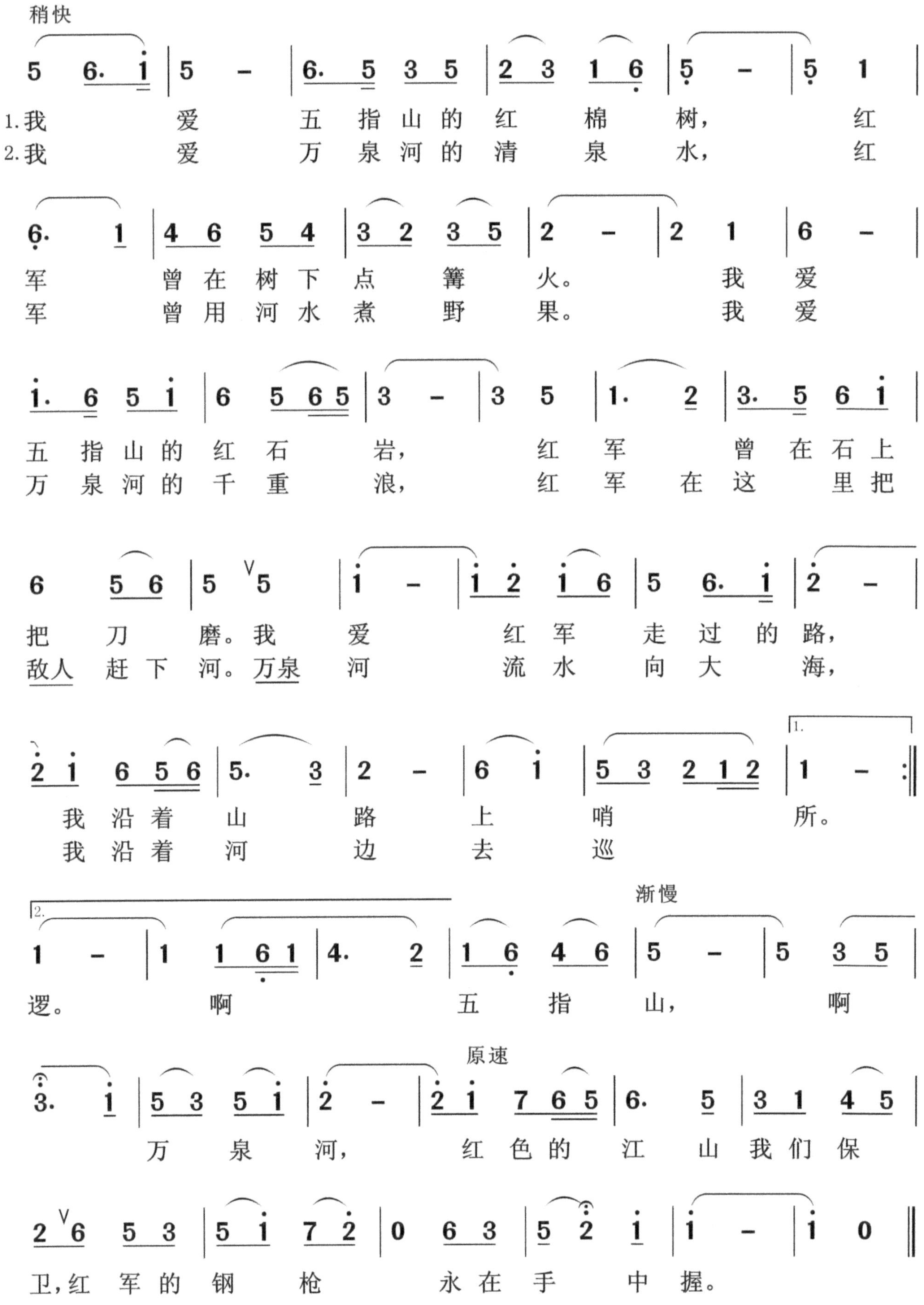

稍快
1.我　　爱　　　五　指　山　的　红　棉　树，　　　红
2.我　　爱　　　万　泉　河　的　清　泉　水，　　　红
军　　　曾　在　树　下　点　篝　火。　　我　爱
军　　　曾　用　河　水　煮　野　果。　　我　爱
五　指　山　的　红　石　岩，　　红　军　　曾　在　石　上
万　泉　河　的　千　重　浪，　　红　军　　在　这　里　把
把　刀　磨。我　爱　　　红　军　走　过　的　路，
敌人　赶下　河。万泉　河　　流水　向　大　海，
我　沿着　山　路　　上　哨　　　所。
我　沿着　河　边　　去　巡
渐慢
逻。　　啊　　　五　指　山，　　啊
原速
万　泉　河，　　红色的　江　山　我们　保
卫,红军的钢　枪　　永　在　手　中　握。